일본어가 쑥쑥 자라는
NEW
すくすく 日本語 4

개정판 1쇄 인쇄	2012년 10월 29일
개정판 1쇄 발행	2012년 11월 5일
개정판 18쇄 발행	2025년 8월 1일

지은이 | 하영애, 우노 히토미
펴낸이 | 박서진
펴낸곳 | PAGODA Books 파고다북스
출판등록 | 2005년 5월 27일 제 300-2005-90호
주 소 | 06614 서울특별시 서초구 강남대로 419, 19층(서초동, 파고다타워)
전 화 | (02) 6940-4070
팩 스 | (02) 536-0660
홈페이지 | www.pagodabook.com

저작권자 | ⓒ 2012 하영애, 우노 히토미

이 책의 저작권은 저자에 있습니다. 서면에 의한 저작권자와 출판사의 허락 없이
내용의 일부 혹은 전부를 인용 및 복제하거나 발췌하는 것을 금합니다.

Copyright ⓒ 2012 by Young-ae Ha, Hitomi Uno

All rights reserved. No part of this publication may be reproduced, stored
in a retrieval system, or transmitted, in any form or by any means, electronic,
mechanical, photocopying, recording or otherwise, without the prior written
permission of the copyright holder and the publisher.

ISBN 978-89-6281-449-1 (18730)

파고다북스	www.pagodabook.com
파고다 어학원	www.pagoda21.com
파고다 인강	www.pagodastar.com
테스트 클리닉	www.testclinic.com

┃ 낙장 및 파본은 구매처에서 교환해 드립니다.

すくすく 日本語

머리말

　국제화가 진행되는 요즘, 옛날부터 [가깝고도 먼 나라]라고 불렸던 한일 양국의 문화교류도 점점 많아지고, 그 덕분에 가장 가까운 서로의 나라에 대한 관심도 높아져 있습니다.

　다른 문화를 이해하는 데 있어서 가장 큰 장애물이 되는 것은 역시 언어의 벽이라고 생각합니다. 이 언어의 벽을 없애므로 해서 소통이 가능해지고 세계는 크고 넓어지게 됩니다.

　이 책을 손에 든 모든 분들은, 목적이 무엇이든 새롭게 일본어를 시작하려고 생각하고 있는 것이겠지요. 이 책은 그런 여러분에게 이제부터의 공부가 보다 효율적이고 즐거운 것이 되도록 연구하면서 만들어졌습니다.

　[말하기, 듣기, 쓰기, 읽기]의 외국어 습득의 4가지 영역의 능력을 향상시키는 것을 목표로 문법을 체계적으로 습득하고, 단어를 늘려서 일상 생활에 활용할 수 있는 일본어다운, 실용적인 표현을 익히게 하는 것, 그리고 문화적인 요소를 포함시켜서 일본 문화나 일본인의 생활에 흥미를 가지도록 하는 것에 중점을 두었습니다.

　이 책을 통해서 일본어를 할 수 있는 기쁨과 말할 수 있는 즐거움을 느끼게 될 것 입니다. 틀림없이 책 이름처럼 일본어 실력이 [무럭무럭, 쑥쑥] 자라는 것을 느낄 것입니다.

　끝으로 이 책을 출간하는데 지원을 아끼지 않으셨던 박경실 회장님과 pagoda books의 여러분들, 협력해 주셨던 파고다 학원의 일본어과 선생님들, 그리고 응원해 주신 모든 분들에게 감사의 마음을 전합니다.

저자 **하영애, 우노 히토미**

일러두기

학습목표(ポイント)
각 과에서 학습해야 하는 문법의 목표를 한 눈에 쏙 들어보게 정리하였습니다. 학습 후에는 제시된 학습포인트를 스스로 확인하면서 복습할 수 있습니다.

회화본문
각 과에서 습득한 문형을 쉽고 자연스러운 문장으로 회화연습을 할 수 있도록 하였습니다. 이 대화문만 통째로 외우면 일본사람과 바로 대화할 수 있도록 하였습니다.

외워보자
일본사람과 대화할 때에 꼭 필요한 중요한 문형과 문법사항을 예문과 더불어 쉽고 간결하게 정리하였습니다. 또한 예문에 대한 해석이 바로 옆에 되어 있고, 아래에 단어 정리도 되어 있어 바로바로 확인할 수 있도록 하였습니다.

말해보자
학습한 문형에 더욱 다양한 어휘를 넣어서 말해보는 패턴 연습을 통해 중요한 문형과 어휘를 입으로 익힐 수 있도록 하였습니다. 또한 MP3에 수록된 일본사람의 발음을 듣고 따라하면서 실제 일본사람처럼 말할 수 있도록 하였습니다.

들어보자
상대방의 말이 들려야 대화를 할 수 있습니다. 각 과에서 습득한 문형을 이용한 자연스러운 대화와 문제를 통해 확실하게 귀를 뚫을 수 있습니다.

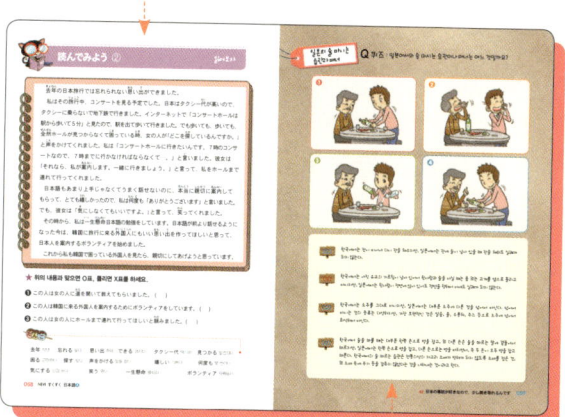

읽어보자
3개의 과 또는 4개의 과에서 배운 문형을 종합한 다양한 형태의 독해 지문을 통해 문장 해석 능력과 문장 이해력을 향상시켜 시험 대비 등을 할 수 있습니다.

일본문화
퀴즈형식으로 일본문화에 대한 진실과 오해(?), 그리고 한국문화와의 다른 점을 체험할 수 있습니다.

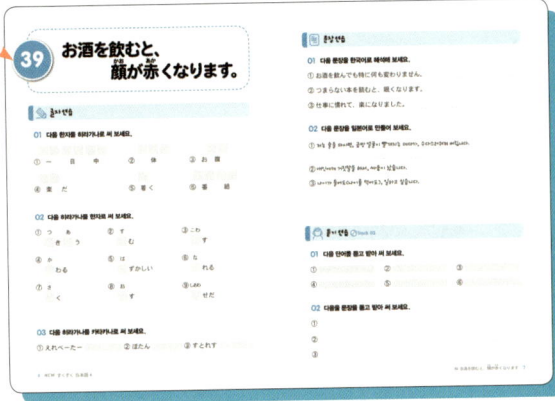

워크북
각 과에서 습득한 단어, 문형 등을 복습할 수 있도록 만들었습니다.

❶ 한자를 히라가나로, 히라가나를 한자로 쓰기
❷ 히라가나를 카타카나로, 카타카나를 히라가나로 쓰기
❸ 일본어 문장을 한국어로 해석하기
❹ 한국어 문장을 일본어로 작문하기
❺ 단어와 문장을 듣고 받아쓰기

이 책을 효과적으로 사용하려면?

먼저 **학습 포인트**로 학습목표를 확인하고,
외워보자로 문형과 문법을 다지고,
말해보자로 입을 떼고,
들어보자로 귀를 뚫고,
회화 본문으로 자연스러운 회화를 습득하고,
워크북으로 각 과에서 배운 내용을 복습하면 됩니다!!!!!

차례

37 今度、試験を受けることになりました。　08
이번에 시험을 치게 되었습니다.

1. ～ことにする　　　2. ～ことになる
3. ～ように　　　　　4. ～ないように

38 来週までに上手にできるようになりたいです。　16
다음 주까지 능숙하게 할 수 있게 되고 싶습니다.

1. 가능형　　　　　　2. ～ようになる
3. ～まで/までに

39 お酒を飲むと、顔が赤くなります。　24
술을 마시면, 얼굴이 빨개집니다.

1. ～くなる　　　　　2. ～になる
3. ～と　　　　　　　4. ～ても

40 みんな優しくしてくれました。　모두 친절하게 해 주었습니다.　34

1. ～に～てあげる　　2. ～に～てくれる　　3. ～に～てもらう
4. ～に～てほしい　　5. ～に～ないでほしい

41 門限がなくて、10時までに帰らなくてもいいです。　42
통금이 없어서, 10시까지 돌아가지 않아도 됩니다.

1. ～なくてもいいです　2. ～なければなりません
3. ～ないで　　　　　　4. ～なくて

42 日本の番組が好きなので、少し聞き取れるんです。　50
일본 방송을 좋아하기 때문에, 조금 알아들을 수 있습니다.

1. ～ので　　　　　　2. ～のに
3. ～んです

43 薬を飲んでみたらどうですか。 약을 먹어 보는 것이 어떻습니까? 60

1. ~た方がいいです
2. ~ない方がいいです
3. ~たらどうですか
4. ~てみる

44 彼女ができたらしいですよ。 여자 친구가 생긴 것 같습니다. 68

1. ~らしい
2. 명사 + らしい
3. ~かもしれません
4. ~でしょう

45 これは韓国でたくさんの人に読まれている小説です。 76
이것은 한국에서 많은 사람들에게 읽혀지고 있는 소설입니다.

1. ~に~れる/られる
2. (무생물)は~れる/られる
3. 명사という명사

46 昨日課長に残業させられました。 84
어제 과장님에 의해서 어쩔 수 없이 야근을 했습니다.

1. ~に~せられる/させられる
2. ~(さ)せてください
3. まだ~ていません

47 パーティーの料理は作ってありますか。 92
파티 요리는 만들어져 있습니까?

1. 자/타동사
2. ~ている
3. ~が~てある
4. ~ておく

48 こちらにおかけになって、お待ちください。 102
이쪽에 앉으셔서, 기다려주십시오.

1. 존경어/겸양어
2. 특별 경어

부록 해석 | 정답 및 스크립트 **별책 부록** 워크북 | 귀로 배우는 MP3 CD | 단어장

● 워크북 정답 다운로드 www.pagodabook.com

37

今度(こんど)、試験(しけん)を受(う)けることになりました。
이번에 시험을 치게 되었습니다.

ポイント

① 毎晩(まいばん)日記(にっき)をつけることにしました。

② 来月(らいげつ)からこの会社に勤(つと)めることになりました。

③ よく聞(き)こえるように、大(おお)きい声(こえ)で話してください。

④ 風邪(かぜ)を引(ひ)かないように、気(き)をつけてください。

全員(ぜんいん) 전원	能力(のうりょく) 능력	
～級(きゅう) ～급	文法(ぶんぽう) 문법	レベル 레벨
心配(しんぱい)する 걱정하다	あと 앞으로	～カ月(げつ) ～개월
～に間(ま)に合(あ)う ～에 맞출 수 있다	～個(こ) ～개	～ずつ ～씩
どうやって 어떻게	何度(なんど)も 몇 번이나	次(つぎ)の日(ひ) 다음 날
復習(ふくしゅう)する 복습하다	悩(なや)む 고민하다	きっと 반드시, 꼭 うまくいく 잘 되다

キム: 今度、会社の全員が日本語能力試験を受けることになりました。

山田: 日本語能力試験は難しいですか。

キム: ええ、私が受ける1級は新しい単語や文法が多くて、とてもレベルが高いですよ。それで心配しています。

山田: そうですか。試験はいつですか。

キム: 7月です。あと4ヵ月しかありませんから、試験に間に合うように、これから毎日20個ずつ単語を覚えることにしました。

山田: それは大変ですね。キムさんは、どうやって単語を覚えますか。

キム: 単語の本を見ながら、何度も書いています。それから、覚えた単語を忘れないように、次の日にも復習しています。

山田: そうですか。私も来週学校で韓国語のテストがありますけど、単語を覚えることが本当に難しくて、悩んでいます。

キム: じゃあ、これから一緒に勉強することにしましょう。二人で頑張れば、きっとうまくいきますよ。

覚えよう

01　～ことにする　　　　　　　　　　　　　　　　－하기로 하다 / －하지 않기로 하다

동사의 기본형
동사의 ない형　＋　ことにする

毎晩日記をつけることにしました。　　　매일 밤 일기를 쓰기로 했습니다.

やせるために、ジムに通うことにしました。
　　　　　　　　　　　　　　살 빼기(마르기)위해서 헬스클럽에 다니기로 했습니다.

体に悪いから、お酒を飲まないことにしました。
　　　　　　　　　　　　　　몸에 나쁘기 때문에 술을 마시지 않기로 했습니다.

02　～ことになる　　　　　　　　　　　　　　　　－하게 되다 / －하지 않게 되다

동사의 기본형
동사의 ない형　＋　ことになる

来月からこの会社に勤めることになりました。
　　　　　　　　　　　　　　다음 달부터 이 회사에 근무하게 되었습니다.

今回の社員旅行はチェジュドに行くことになりました。
　　　　　　　　　　　　　　이번 사원여행은 제주도로 가게 되었습니다.

明日の会議はしないことになりました。　　　내일 회의는 하지 않게 되었습니다.

오이어보자

03 ～ように / ～ないように　　　　　　　　　　−하도록 / −하지 않도록

> 동사의 기본형
> 동사의 ない형　＋　ように

よく聞こえるように、大きい声で話してください。　잘 들리도록, 큰 소리로 말해주세요.

風が入るように、窓を開けましょう。　　　　　　　바람이 들어오도록, 창문을 엽시다.

約束を忘れないように、メモをします。　　　　　　약속을 잊지 않도록, 메모를 합니다.

風邪を引かないように、気をつけています。　　　　감기 걸리지 않도록, 조심하고 있습니다.

だんご

毎晩 매일 밤　　　　　日記をつける 일기를 쓰다　　やせる 마르다, 살빼다　　～に通う ～에 다니다
体 몸　　　　　　　　来月 다음 달　　　　　　　～に勤める ～에 근무하다　　今回 이번
社員旅行 사원여행　　会議 회의　　　　　　　　聞こえる 들리다　　　　声 (목)소리
風 바람　　　　　　　窓 창문　　　　　　　　　開ける 열다　　　　　　気をつける 조심하다

37 今度、試験を受けることになりました

話してみよう

01 다음 예와 같이 말해 보세요.

예 休学します / 留学したいです

A: 休学することにしました。
B: どうしてですか。
A: 留学したいからです。

❶ 今年からタバコをやめます / 体に悪いです

❷ 毎日単語をたくさん覚えます / もうすぐ試験です

❸ これから毎朝ジョギングをします / 最近太りました

❹ 出かけません / 雨が降っています

❺ アルバイトはしません / 来月は大事な試験があります

休学する 휴학하다	今年 올해	やめる 끊다	もうすぐ 이제 곧	毎朝 매일 아침
ジョギング 조깅	最近 최근	太る 살찌다	出かける 외출하다	大事だ 중요하다

012　NEW すくすく 日本語 ❹

02 다음 예 와 같이 말해 보세요.

예 明日は朝6時に出勤します / 会議があります

A: 明日は朝6時に出勤することになりました。
B: どうしてですか。
A: 会議があるからです。

① 東京に引っ越します / 転勤します

② 入院します / ケガをしました

③ 来週からアメリカに行きます / 出張です

④ 明日の飲み会に田中先生は来ません / このごろ忙しいです

⑤ 今度の旅行は行きません / 台風が来ました

出勤する 출근하다	引っ越す 이사하다	転勤する 전근가다	入院する 입원하다
ケガをする 다치다, 부상당하다	出張 출장	このごろ 요즘	台風 태풍

37 今度、試験を受けることになりました

話してみよう 말해보자

03 다음 예 와 같이 말해 보세요.

예 よく見えます / 大きく書きます
A: よく見えるように、何をしますか。
B: よく見えるように、大きく書きます。

❶ 会社に間に合います / タクシーで行きます

❷ 早く病気が治ります / 毎日薬を飲みます

❸ 寝坊しません / 早く寝ます

❹ 将来困りません / お金を貯めます

❺ 道に迷いません / 地図を見ます

~に間に合う ~(시간)에 맞출 수 있다　　治る (병이)낫다　　寝坊する 늦잠 자다
将来 장래　　困る 곤란하다　　お金 돈　　貯める 모으다, 저축하다
~に迷う ~을/를 헤매다　　地図 지도

聞いてみよう

들어보자

Track 03

01 다음을 듣고 수첩에 스케줄에 맞는 내용을 써 넣어보세요.

월 출장 ↓	목
화	금
수	토 / 일

memo

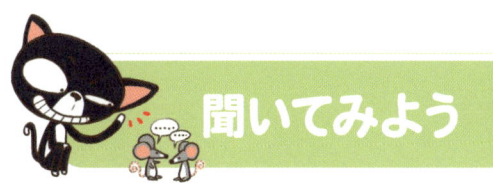

来週までに上手に できるようになりたいです。

다음 주까지 능숙하게 할 수 있게 되고 싶습니다.

ポイント

1. 日本の新聞が読めますか。
2. 漢字が書けるようになりました。
3. 友だちが来るまで駅で待ちました。
4. 来週の月曜日までに本を返します。

疲れる 피곤하다	実は 실은	
ダンス 춤, 댄스	学園祭 학교 축제	留学生 유학생
踊る 춤추다	流行る 유행하다	アイドル 아이돌
テンポ 템포, 속도	複雑だ 복잡하다	上手に 능숙하게	集まる 모이다

キム: 山田さん、疲れているようですね。何かありましたか。

山田: 実は、最近毎日夜遅くまで、歌とダンスの練習をしていて…。

キム: え、どうしてですか。

山田: 来週、学園祭があって、その時留学生のみんなで踊りながら歌うことになってしまって…。

キム: へえ、そうですか。どんな歌を歌いますか。

山田: 今流行っているアイドルの歌です。テンポが速くて歌も難しいし、ダンスも複雑だし、本当に大変です。

キム: 山田さんは上手に踊れますか。

山田: いいえ、ダンスは全然できないし、歌も上手に歌えませんから、本当に心配です。それで、毎日みんなで集まって練習しています。

キム: 毎日練習して、上手にできるようになりましたか。

山田: そうですね。前よりはできるようになりましたが、まだまだです。来週までに、もっと上手にできるように頑張ります。

覚えよう

01 가능형　　　　　　　　　　　　　　　　　　　　　-할 수 있다

	기본형	가능형	ます
1그룹동사 어미 え단+る	使う	使える	使えます
	弾く	弾ける	弾けます
	泳ぐ	泳げる	泳げます
	出す	出せる	出せます
	打つ	打てる	打てます
	死ぬ	死ねる	死ねます
	選ぶ	選べる	選べます
	飲む	飲める	飲めます
	送る	送れる	送れます
2그룹동사 る+られる	借りる	借りられる	借りられます
	答える	答えられる	答えられます
3그룹동사	来る	来られる	来られます
	する	できる	できます

> **TIP** "기호"나 "능력"을 나타내는 말 앞에 "~을/를"이 올 때 목적격조사 "を"대신 "が"를 쓴다.
> → "동사 기본형 + ことができる"와 의미가 같다.

02 ～ようになる　　　　　　　　　　　　　　　　　　　　　　　　　　　−하도록 되다

동사의 기본형　＋　ようになる

野菜をたくさん食べるようになりました。　　　　　야채를 많이 먹게 되었습니다.

日本語を習って、あいさつができるようになりました。
　　　　　　　　　　　　　　　　　　　　　　일본어를 배워서, 인사를 할 수 있게 되었습니다.

前は漢字が書けませんでしたが、今は書けるようになりました。
　　　　　　　　　　　　　　　전에는 한자를 쓸 수 없었습니다만, 지금은 쓸 수 있게 되었습니다.

03 ～まで / ～までに　　　　　　　　　　　　　　　　　　　　　　　　−까지

昨日は夜11時まで残業をしました。　　　　　어제는 11까지 잔업(야근)을 했습니다.

映画が始まるまで友だちとおしゃべりをしました。
　　　　　　　　　　　　　　　　　　　　　영화가 시작될 때까지 친구와 수다를 떨었습니다.

先生が来るまでに単語を覚えてください。　　선생님이 올 때까지 단어를 외워 주세요.

来週の月曜日までに本を返します。　　　　　다음 주 월요일까지 책을 반납하겠습니다.

弾く 치다, 연주하다	打つ 치다	選ぶ 선택하다, 고르다	送る 보내다	答える 대답하다
野菜 야채	習う 배우다	あいさつ 인사	残業 잔업, 야근	始まる 시작되다
おしゃべりをする 수다를 떨다		単語 단어	覚える 외우다	
返す 돌려주다, 반납하다				

話してみよう

01 다음 예와 같이 말해 보세요.

> 예 日本の新聞を読む
> A: 日本の新聞が読めますか。
> B: はい、読めます。
> 　　いいえ、読めません。

❶ ギターを弾く

❷ スキーをする

❸ 英語で電話をかける

❹ ケータイで日本語を打つ

❺ カードで払う

02 다음 예와 같이 말해 보세요.

예 **漢字を書く**
A: 漢字が書けますか。
B: はい、前は書けませんでしたが、今は書けるようになりました。

❶ 朝早く起きる

❷ 日本語だけで話す

❸ 車の運転をする

❹ ドラマの日本語を聞き取る

ギター 기타　　弾く 연주하다　　打つ 치다　　払う 지불하다　　〜だけで 만으로
運転 운전　　聞き取る 알아듣다

話してみよう

03 다음 예와 맞는 것에 O표 하세요.

> 예　来週の金曜日 (まで / **までに**) 書類を出してください。

❶ 昨日は夜12時 (まで / までに) 宿題をしました。

❷ 夏 (まで / までに) 5キロやせたいです。

❸ 友だちが来る (まで / までに) 駅で待ちました。

❹ 今年の3月 (まで / までに) 韓国にいるつもりです。

❺ 会議が始まる (まで / までに) コピーしてください。

❻ 今年のクリスマス (まで / までに) 恋人がほしいです。

❼ 病気が治る (まで / までに) 薬を飲んでください。

❽ テストは1時からです。12時50分 (まで / までに) 教室に入ってください。

書類 서류　　宿題 숙제　　今年 올해　　コピーする 복사하다　　クリスマス 크리스마스
~がほしい ~을/를 원한다　　病気 병, 아픔　　治る 낫다, 치료되다　　教室 교실

聞いてみよう　들어보자

Track 06

01 다음을 듣고 전근 가기 전까지 안은영 씨가 할 수 있게 되는 것에 O표 하세요.

예	ドラマを見る。	O (O)	X
❶	書類を作る。	O	X
❷	メールを書く。	O	X
❸	電話で話す。	O	X
❹	新聞を読む。	O	X
❺	ニュースを聞き取る。	O	X

38　来週までに上手にできるようになりたいです

39

お酒を飲むと、顔が赤くなります。

술을 마시면, 얼굴이 빨개집니다.

ポイント

① 電気をつけて、明るくなりました。

② 仕事に慣れて、楽になりました。

③ うちの娘はもうすぐ20歳になります。

④ 春になると、さくらが咲きます。

⑤ 年をとっても、働きたいです。

顔色 안색, 얼굴색		
どんどん 계속해서, 자꾸자꾸	壊す 망가뜨리다	
気をつける 주의하다	特に 특히	何も 아무것도
変わる 변하다	気分 기분	～だけ ～뿐, ～만	うらやましい 부럽다
すぐに 금방, 바로	おしゃべりになる 수다스러워지다	恥ずかしい 부끄럽다, 창피하다

キム： 山田さん、顔色が悪いですね。どうしたんですか。

山田： 実は昨日飲み会で、お酒を飲みすぎてしまいました。

キム： それはいけませんね。

山田： 先輩が本当にお酒が強くて、私たちにお酒をどんどん飲ませて…。それで、昨日は少し無理をしてしまいました。

キム： だめですよ。無理をすると、体を壊しますから。

山田： はい、気をつけます。キムさんはお酒が強いですか。

キム： はい、強いほうだと思います。
お酒を飲んでも、特に何も変わりませんから。

山田： 顔も赤くなりませんか。

キム： はい、全然赤くなりません。
お酒を飲むと、少し気分がよくなるだけです。

山田： うらやましいですね。私はお酒を飲むと、すぐに顔が赤くなるし、おしゃべりになってしまいますから、恥ずかしいです。

覚えよう

01
い형용사 : 어간 (い) く
な형용사 : 어간 (だ) に   ＋   なる   －하게 되다
명　사 : 명사　　に   －이/가 되다

つまらない本を読んで、眠くなりました。　　재미없는 책을 읽어서, 졸려졌습니다.
仕事に慣れて、楽になりました。　　　　　　일에 익숙해져서, 편해졌습니다.
うちの娘はもうすぐ20歳になります。　　　우리 딸은 이제 곧 20살이 됩니다.

02 ～と　　　　　　　　　　　　　　　　　　　　　　　　－하면

동사의 기본형　＋　と

春になると、さくらが咲きます。　　　　　　봄이 되면, 벚꽃이 핍니다.
この道をまっすぐ行くと、駅に着きます。　　이 길을 곧장 가면, 역에 도착합니다.
このボタンを押すと、水が出ます。　　　　　이 버튼을 누르면, 물이 나옵니다.

03 ～ても　　　　　　　　　　　　　　　　　　　　　　　　　　　－해도

> 명　　사：명사 + でも
> な형용사：어간 + でも
> い형용사：어간 + くても
> 동　　사：て형 + も

土曜日でも、仕事が忙しくて休めません。　　토요일이어도, 일이 바빠서 쉴 수 없습니다.

歌が下手でも、カラオケは楽しいです。　　　노래를 못해도 노래방은 즐겁습니다.

彼女の料理がまずくても、全部食べます。　여자 친구의 요리가 맛없더라도, 전부 먹습니다.

年をとっても、働きたいです。　　　　　　　나이를 먹어도, 일하고 싶습니다.

つまらない 재미없다, 시시하다　　　眠い 졸리다　　　　　　～に慣れる ~에 익숙하다
楽だ 편하다　　　　　　　　　　娘 딸　　　　　　　　20歳 스무살
咲く (꽃이) 피다　　　　　　　　まっすぐ 똑바로, 곧장　着く 도착하다　　　ボタン 버튼, 단추
押す 누르다, 밀다　　　　　　　水 물　　　　　　　　　出る 나가다, 나오다　まずい 맛없다
年をとる 나이를 먹다　　　　　働く 일하다

話してみよう

01 다음 예 와 같이 말해 보세요.

예 電気をつける / 明るい

A: 電気をつけました。どうなりましたか。
B: 電気をつけて、明るくなりました。

❶ 一日中パソコンを使う / 目が痛い

❷ みんなと一緒に旅行に行く / 仲がいい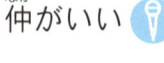

❸ エレベーターができる / 便利だ

❹ 毎日勉強する / 日本語が前より上手だ

❺ 恋人にうそをつく / けんか

| 電気 전기 | 明るい 밝다 | 一日中 하루 종일 | 仲がいい 사이가 좋다 |
| エレベーター 엘리베이터 | できる 생기다 | うそをつく 거짓말 하다 | けんか 싸움 |

02 다음 예와 같이 말해 보세요.

예 お酒を飲む / 顔が赤い

A: お酒を飲むと、どうなりますか。
B: お酒を飲むと、顔が赤くなります。

❶ 恋人ができる / 幸せだ

❷ 毎日運動をする / 体が丈夫だ

❸ ストレスがたまる / 病気

❹ お腹がいっぱいになる / 眠い

❺ 日本の番組を見る / 日本へ遊びに行きたい

| 顔 얼굴 | 赤い 빨갛다 | 幸せだ 행복하다 | 体 몸 | 丈夫だ 튼튼하다 |
| ストレス 스트레스 | たまる 쌓이다 | お腹がいっぱいだ 배가 부르다 | | 番組 방송 |

話してみよう

말해보자

03 다음 예 와 같이 말해 보세요.

예 **安い / 買う**

A: 安かったら、買いますか。
B: いいえ、安くても、買いません。

 ❶ 駅から近い / この家に住む

 ❷ 仕事が大変だ / 仕事をやめる

 ❸ 彼がお金持ちだ / 付き合う

 ❹ 風邪を引く / 学校を休む

 ❺ 泣く / ストレスがなくなる

~に住む ~에 살다　　お金持ち 부자　　付き合う 사귀다　　学校 학교
泣く 울다　　　　　　ストレス 스트레스　　なくなる 없어지다

聞いてみよう

Track 09

01 다음을 듣고 ⓔ처럼 맞는 그림을 찾아 번호를 써 넣으세요.

ⓔ	❶	❷	❸	❹
パク	田中	鈴木	中村	チェ
7				

39 お酒を飲むと、顔が赤くなります

読んでみよう ① 　　　　　　　　　　　　읽어보자

毎日聞くだけで日本語が話せるようになる！？

　単語や文法はわかっていても、なかなか話せるようにならないと悩んでいる人が多いと思います。そんなあなたに、おすすめの教材があります。

　それが、この『スピード日本語』です。

　この教材を聞いていると、それだけで日本語が聞き取れるようになります。

　そして、発音もよくなるし、だんだん会話も上手になります。

　日本語が上手になるためのポイントは、「毎日聞くようにすること」です。忙しくても、一日も休まないようにしてください。

　あなたもこの教材を使って、楽しく日本語の勉強をしませんか。

学生の声(パクさん)

　私はソウルで働いている会社員です。来年4月から東京に転勤することになりましたから、今年の10月からこの教材で勉強を始めることにしました。この教材を使って3ヵ月になった今は、日本語がよく聞き取れるようになったし、会話も前より上手になりました。これからも東京に行く日まで毎日これを聞いて、4月までにもっとぺらぺら話せるようになりたいです。

★ 위의 내용과 맞으면 O표, 틀리면 X표를 하세요.

❶ 文法がわからなくても、この教材を聞くだけで、日本語が上手に話せるようになります。（　）

❷ 毎日この教材を聞いていると、日本語を聞くことも、話すこともできるようになります。（　）

❸ パクさんはこの教材を3ヵ月使って、日本語がぺらぺらになりました。（　）

文法 문법	なかなか 좀처럼	悩む 고민하다	そんな 그런	おすすめ 추천	教材 교재
~だけで 만으로	聞き取る 알아듣다	発音 발음	だんだん 점점	会話 회화
働く 일하다	転勤する 전근가다	始める 시작하다	ぺらぺら 유창하게, 줄줄

기모노(着物) 종류

Q 퀴즈 : 다음 그림의 기모노는 언제 입을까요? 맞는 번호를 고르세요.

❶ はかま 袴

❷ しろ む く 白無垢

❸ ふりそで 振袖

❹ ゆかた 浴衣

(1) 성인식   (2) 여름 축제   (3) 결혼식   (4) 대학 졸업식

はかま
袴 : 원래는 명치(明治)시대(1800년대 후반)에 여자가 처음으로 공교육을 받을 수 있게 됐을 때부터 소화(昭和)시대 초기(1900년대 초반)까지 여학생이 매일 등교할 때 입었던 [교복]으로 사용되었다. 현재는 졸업식 날 입는 晴れ着(특별한 날에 입는 나들이 옷)로 변화되었다.

しろ む く
白無垢 : 순결해서 불결함, 더러움이 없는(無垢) 것을 흰색으로 나타내며, 또한 [이제부터 어떤 색으로도 변할 수 있다, 즉 시댁의 색으로 변할 수 있다]의 의미로 신부의 마음을 나타낸다.

ふりそで
振袖 : 미혼여성이 제사나 격식을 갖춰야 할 때 입는 옷이다. 이 옷의 특징은 소매 자락(袂)이 특별하게 길다. 이 옷은 주로 성인식에 입고, 그 이외에 친구나 친척 결혼식(피로연)때 입는다.

ゆかた
浴衣 : 면으로 만든 유가타용의 천으로 만들어진 홑겹(単衣)의 긴 옷이다. 집이나 온천에서 목욕 후에 편하게 쉴 때의 옷으로도 사용한다. 그 밖에 여름축제(夏祭り)등의 여름 옷으로 입는다. 유가타는 맨 살에 입고, 맨발에 나막신(下駄)를 신는 것이 기본이다.

39 お酒を飲むと、顔が赤くなります

みんな優しくしてくれました。

모두 친절하게 해 주었습니다.

ポイント

① 私は鈴木さんに韓国料理を作ってあげました。

② 友だちは私に辞書を貸してくれました。

③ 私は兄に重い荷物を運んでもらいました。

④ 父にタバコをやめてほしいです。

⑤ 友だちにうそをつかないでほしいです。

久_{ひさ}しぶりです 오랜만입니다
ホームステイ 홈스테이
思_{おも}い出_で 추억
ところ 곳, 장소
紹介_{しょうかい}する 소개하다
ホストファミリー 홈스테이 가족
いろいろだ 여러 가지다
連_つれて行_いく 데리고 가다
和食_{わしょく} 일식

キム： 山田さん、久しぶりですね。夏休みはどうでしたか。

山田： 実は学校から紹介してもらって、韓国人の家にホームステイをしていました。本当に楽しかったです。

キム： そうですか。ホストファミリーはどんな家族でしたか。

山田： お父さん、お母さん、お姉さん、弟さんの４人家族でした。みんな優しくしてくれて、とてもいい家族でした。

キム： それはよかったですね。いい思い出がたくさん作れましたか。

山田： はい、お父さんに車でいろいろなところに連れて行ってもらったり、お母さんとお姉さんにはおいしいものを作ってもらったりしました。

キム： 本当に優しい家族ですね。山田さんは何かしてあげましたか。

山田： 日本料理を作ってあげました。そして、私を忘れないでほしいから、写真をたくさん撮りました。

キム： 私も山田さんにおいしい和食を作ってほしいです。

山田： わかりました。じゃあ、今度私がおいしいものを作りますよ。

覚えよう

01-1 〜てあげる　　　　　　　　　　　　　　　　　　　　−해 주다

私は田中さんにソウルを案内してあげました。
　　　　　　　　　　　　　　나는 다나까 씨에게 서울을 안내해 주었습니다.

私は恋人に財布を買ってあげました。　　　나는 애인에게 지갑을 사 주었습니다.

私は娘に本を読んであげました。　　　　　나는 딸에게 책을 읽어 주었습니다.

01-2 〜てくれる　　　　　　　　　　　　　　　　　　　　−해 주다

鈴木さんは私に日本語を教えてくれました。
　　　　　　　　　　　　　　스즈끼 씨는 나에게 일본어를 가르쳐 주었습니다.

母は私に料理を作ってくれました。　　　엄마는 나에게 요리를 만들어 주었습니다.

田中さんは娘に日本の友だちを紹介してくれました。
　　　　　　　　　　　　　　다나까 씨는 딸에게 일본 친구를 소개해 주었습니다.

01-3 〜てもらう　　　　　　　　　　　　　　　　　　−해 받다(−해 주다)

私は鈴木さんに日本語を教えてもらいました。
　　　　　　　　　　　　　　스즈끼 씨는 나에게 일본어를 가르쳐 주었습니다.

私は母に料理を作ってもらいました。　　エンマ는 나에게 요리를 만들어 주었습니다.

娘は田中さんに日本の友だちを紹介してもらいました。
　　　　　　　　　　　　　　다나까 씨는 딸에게 일본 친구를 소개해 주었습니다.

오워보자

02 〜に〜てほしい　　　　　　　　　　　　　　　　　　　　－가 －해 주면 좋겠다

友だちに宿題を手伝ってほしいです。　　　　친구가 숙제를 도와주면 좋겠습니다.

父にタバコをやめてほしいです。　　　　　　아버지가 담배를 끊어주면 좋겠습니다.

田中さんに日本の友だちを紹介してほしいです。
　　　　　　　　　　　　　　　　　　　　다나까 씨가 일본 친구를 소개해 주면 좋겠습니다.

03 〜に〜ないでほしい　　　　　　　　　　　　　　　　　－가 －하지 않으면 좋겠다

友だちにうそをつかないでほしいです。　　　친구가 거짓말을 하지 않으면 좋겠습니다.

田中さんに会社を辞めないでほしいです。　다나까 씨가 회사를 그만두지 않으면 좋겠습니다.

学生に遅刻しないでほしいです。　　　　　　학생이 지각을 하지 않으면 좋겠습니다.

案内する 안내하다　　娘 딸　　　　　　教える 가르치다　　紹介する 소개하다
手伝う 돕다　　　　　うそをつく 거짓말을 하다　辞める 그만두다　遅刻する 지각하다

話してみよう

01-1 다음 예와 같이 말해 보세요.

私 ⟶ 鈴木さん

예 韓国料理を作る
A: あなたは鈴木さんに何をしてあげましたか。
B: (私は鈴木さんに) 韓国料理を作ってあげました。

私 ⟶ 友だち

❶ 昼ごはんをおごる

私 ⟶ 後輩

❷ 仕事を説明する

私 ⟶ 弟

❸ 宿題を手伝う

マイケルさん ⟶ キムさん

❹ 英語を教える

| 韓国料理 한국요리 | 作る 만들다 | 昼ごはん 점심밥 | おごる 한턱내다 | 後輩 후배 |
| 説明する 설명하다 | 弟 남동생 | 宿題 숙제 | 手伝う 돕다, 거들다 | 教える 가르치다 |

01-2 다음 예와 같이 말해 보세요.

友だち ──→ 私

辞書を貸す

예1 A: 友だちはあなたに何をしてくれましたか。
B: (友だちは私に) 辞書を貸してくれました。

예2 A: あなたは友だちに何をしてもらいましたか。
B: (私は友だちに) 辞書を貸してもらいました。

❶ 日本の大学を調べる

先生 ──→ 私

❷ 重い荷物を運ぶ

兄 ──→ 私

❸ 本を買う

友だち ──→ 息子

辞書 사전　　貸す 빌려주다　　調べる 조사하다　　兄 형　　重い 무겁다
荷物 짐　　運ぶ 운반하다, 나르다　　息子 아들

話してみよう

02 다음 예 와 같이 말해 보세요.

예 子ども / 一生懸命勉強します / 夜遅くまで遊びません

A: 子どもに何をしてほしいですか。
B: 一生懸命勉強してほしいです。

A: 子どもに何をしないでほしいですか。
B: 夜遅くまで遊ばないでほしいです。

❶ 友だち / 日本のお土産を買ってきます / うそをつきません

❷ 彼氏 / うちまで送ります / 夢をあきらめません

❸ お父さん / 旅行に連れて行きます / 週末は早く起こしません

一生懸命 열심히　　お土産 선물　　うそをつく 거짓말을 하다　　彼氏 남자 친구　　夢 꿈
あきらめる 포기하다, 단념하다　　お父さん 아버지　　連れて行く 데리고 가다　　起こす 깨우다

聞いてみよう

틀어보자

Track 12

01 다음을 듣고 내용에 맞게 화살표를 그리고, 선물의 번호를 써넣으세요.

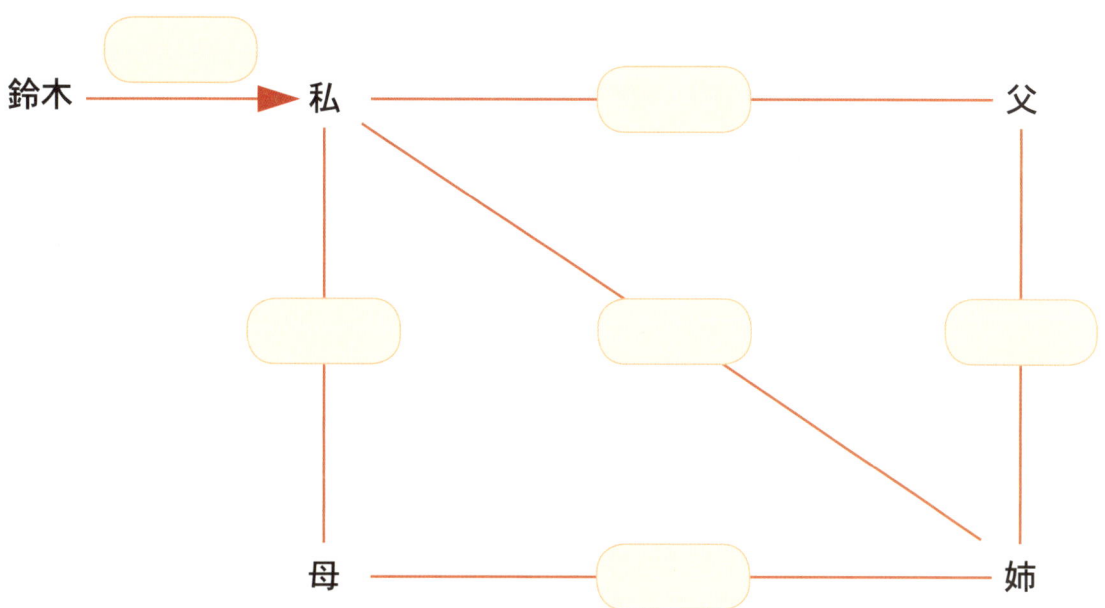

40 みんな優しくしてくれました

門限がなくて、10時までに帰らなくてもいいです。

통금이 없어서, 10시까지 돌아가지 않아도 됩니다.

ポイント

1. 日曜日は早く起き**なくてもいいです**。
2. 借りたものは早く返さ**なければなりません**。
3. 母は傘を持た**ないで**、出かけました。
4. ごはんを食べ**なくて**、お腹が空いています。

変わる 변하다	掃除 청소	
洗濯 세탁	～など ～등	家事 집안일
自分で 스스로	足りる 충분하다	期間中 기간 중
着る 입다	服 옷	食べ物 먹을 것, 음식	学校 학교
やっぱり 역시	一人暮らし 자취생활	門限 통금	楽だ 편하다	厳しい 엄하다

キム： 山田さんは韓国に来てから、何か変わったことがありますか。

山田： ええ、いろいろありますよ。
韓国に来てからは、掃除や料理、洗濯などの家事を全部自分でするようになりました。

キム： そうですか。勉強をしながら家事までする と、時間が足りなくありませんか。

山田： そうですね。試験期間中は洗濯をしなくて着る服がなかったり、食べ物がなくて、ごはんを食べないで学校に行ったりしたことがあります。

キム： やっぱり、一人暮らしは大変ですね。

山田： でも、門限がなくて、10時までに帰らなくてもいいですから楽になりました。

キム： 日本では門限がありましたか。

山田： はい、父が厳しくて、10時までに帰らなければなりませんでした。

覚えよう

01 〜なくてもいいです　　　　　　　　　　　　　　　　　　－하지 않아도 됩니다

部屋に入る時は靴を脱がなくてもいいです。　방에 들어갈 때는 신발을 벗지 않아도 됩니다.

風邪はもう治りましたから、心配しなくてもいいです。
　　　　　　　　　　　　　　　　감기는 이미 나았기 때문에 걱정하지 않아도 됩니다.

人が少なければ並ばなくてもいいです。　사람이 적으면 줄을 서지 않아도 됩니다.

02 〜なければなりません　　　　　　　　　　　　　　　　　－하지 않으면 안 됩니다

約束は絶対に守らなければなりません。　약속은 절대로 지키지 않으면 안 됩니다.

借りたものは早く返さなければなりません。　빌린 물건은 빨리 돌려주지 않으면 안 됩니다.

甘いものを食べすぎないように気をつけなければならない。
　　　　　　　　　　　　　　　단 것을 지나치게 먹지 않도록 주의하지 않으면 안 된다.

> **TIP** 「なければなりません」은 줄여서 「なきゃ」로도 사용할 수 있다.
> 단, 이것은 반말이므로 윗사람에게는 사용하지 않는 것이 좋다.

たんご

靴 신발, 구두	脱ぐ 벗다	もう 이미, 벌써	治る 낫다	心配する 걱정하다
少ない 적다	並ぶ 줄서다	絶対に 절대로	守る 지키다	借りる 빌리다
返す 돌려주다, 반납하다	気をつける 주의하다		肉 고기	魚 생선
先に 먼저	シャワーを浴びる 샤워를 하다		お腹が空く 배가 고프다	足りる 충분하다

03 〜ないで / 〜なくて　　　　　　　　　−하지 않고(말고) / −하지 않아서

 명사, 형용사: なくて만 사용

彼は日本人じゃなくて、韓国人です。　　　　그는 일본인이 아니라, 한국인입니다.

私は肉が好きじゃなくて、魚が好きです。　나는 고기를 좋아하지 않고, 생선을 좋아합니다.

料理がおいしくなくて、全部食べられませんでした。
　　　　　　　　　　　　　　　　　요리가 맛있지 않아서, 전부 먹을 수 없었습니다.

 동사

❶ **ないで : −하지 않고, −하지 말고**

私を待たないで、先に行ってください。　　　저를 기다리지 말고, 먼저 가세요.

昨日はシャワーを浴びないで、寝てしまいました。
　　　　　　　　　　　　　　　　　어제는 샤워를 하지 않고, 자고 말았습니다.

❷ **なくて : −하지 않아서**

ごはんを食べなくて、お腹が空いています。　　밥을 먹지 않아서, 배가 고픕니다.

お金が足りなくて、パソコンが買えませんでした。
　　　　　　　　　　　　　　　돈이 부족해서(충분하지 않아서), 컴퓨터를 살 수 없었습니다.

41 門限がなくて、10時までに帰らなくてもいいです

# 話してみよう

01 다음 예와 같이 말해 보세요.

예 朝早く起きる / 日曜日だ / 8時から会議がある

A: 朝早く起きなくてもいいですか。
B: はい、日曜日ですから、早く起きなくてもいいです。
　　いいえ、8時から会議がありますから、早く起きなければなりません。

 ❶ 今日は出かける / 約束がない / 友だちに会う約束をした

 ❷ レストランを予約する / 平日だ / いつも人が並んでいる

 ❸ 今日中に本を返す / 私はもう読んだ / 私も読みたい

 ❹ 早くうちに帰る / 一人暮らしだ / 父が厳しい

 ❺ 就職する時、英語ができる / 日本語が上手だ / 会社で必要だ

出かける 외출하다	約束 약속	予約する 예약하다	平日 평일	いつも 항상, 언제나
並ぶ 줄서다	今日中 오늘 중	返す 돌려주다	もう 이미, 벌써	一人暮らし 자취생활
厳しい 엄하다	就職する 취직하다	必要だ 필요하다	暇だ 한가하다	全然 전혀
受ける (시험을) 치다	大変だ 힘들다	山 산	手 손	洗う 씻다
冬休み 겨울방학	電気 전기	消す 끄다, 지우다		

02 다음 예와 같이 맞는 것에 O표 하고, 문장을 완성해 보세요.

예) 母は傘を持つ (**ないで** / なくて) / 出かけた
→ 母は傘を持たないで、出かけました。

❶ 時間がある (ないで / なくて) / 旅行に行けない
→ _____

❷ 昨日は仕事が忙しい (ないで / なくて) / 暇だった
→ _____

❸ 全然勉強する (ないで / なくて) / テストを受けた
→ _____

❹ 昨日は夜遅くまで仕事が終わる (ないで / なくて) / 大変だった
→ _____

❺ 旅行は山だ (ないで / なくて) / 海に行く
→ _____

❻ 手を洗う (ないで / なくて) / 食べてはいけない
→ _____

❼ 田中さんは学生だ (ないで / なくて) / 冬休みがない
→ _____

❽ 電気を消す (ないで / なくて) / 寝ている
→ _____

話してみよう

03 다음 예 와 같이 말해 보세요.

예 コーヒーに砂糖を入れる / 飲む

A: コーヒーに砂糖を入れて飲みますか。
B: いいえ、砂糖を入れないで、飲みます。

❶ めがねをかける / 新聞を読む

❷ 靴を脱ぐ / 部屋に入る

❸ 帽子をかぶる / 授業を受ける

❹ 昨日朝ごはんを食べる / 出勤する

❺ 昨日ケータイを持つ / 出かける

砂糖 설탕　　入れる 넣다　　めがねをかける 안경을 끼다　　靴 구두, 신발　　脱ぐ 벗다
帽子をかぶる 모자를 쓰다　　授業を受ける 수업을 받다　　出勤する 출근하다

聞いてみよう / 들어보자

Track 15

01 高橋(たかはし) 씨의 하루 일과를 듣고 맞는 것에 O표 하세요.

		O	X
예	朝7時に会社に行く。	**O**	
❶	朝ごはんを食べる。		
❷	コーヒーを飲む。		
❸	報告書(ほうこくしょ)を書く。		
❹	本社(ほんしゃ)に行く。		
❺	会社に戻(もど)る。		

41 門限(もんげん)がなくて、10時までに帰らなくてもいいです

日本の番組が好きなので、少し聞き取れるんです。
일본 방송을 좋아하기 때문에, 조금 알아들을 수 있습니다.

ポイント

① ここは禁煙なので、
　タバコは外で吸ってください。

② 手紙を出したのに、
　返事が来ません。

③ このごろ仕事が大変なんです。

ときどき 때때로, 가끔
大阪弁 오사카 사투리　　小学校 초등학교
〜に住む 〜에 살다　　育つ 자라다, 성장하다　　普段 평소
イントネーション 억양　　違う 다르다　　聞き取る 알아듣다, 청취하다
バラエティー番組 예능 프로그램　　お笑い芸人 코미디언, 개그맨　　関西出身 관서지방 출신　　字幕 자막

キム: 山田さんは、ときどき大阪弁を使いますね。

山田: わかりますか。
実は、私小学校の時まで大阪に住んでいたんです。

キム: そうなんですか。
でも大阪で育ったのに、あまり使いませんね。

山田: 小さい時に東京に引っ越したので、普段はあまり使わないんですが、今でもときどき出てしまいます。

キム: へえ、大阪弁はイントネーションが東京とは違って、おもしろいです。

山田: キムさんは大阪弁が聞き取れるんですか。

キム: はい、私は日本のバラエティー番組が好きなので、少しはわかります。

山田: ああ、日本のお笑い芸人の中には関西出身が多いですからね。

キム: はい、でも大阪弁は速くて難しいですから、いつかは字幕を見ないで全部聞き取れるようになりたいです。

山田: そうですか。バラエティー番組をよく見ていれば、きっとできるようになりますよ。

覚えよう

01 ～ので 　　　　　　　　　　　　　　　　　　　　　　　－이기 때문에

명　사：	出張(しゅっちょう)	な / じゃない / だった / じゃなかった	
な형용사：	暇(ひま)	な / じゃない / だった / じゃなかった	+ ので
い형용사：	忙し	い / くない / かった / くなかった	
동　사：	約束が	ある / ない / あった / なかった	

ここは禁煙(きんえん)なので、タバコは外(そと)で吸(す)ってください。
　　　　　　　　　　여기는 금연이기 때문에, 담배는 밖에서 피우세요.

高いところが苦手(にがて)なので、山(やま)に登(のぼ)りたくありません。
　　　　　　　　　　높은 곳은 질색이기 때문에, 산에 오르고 싶지 않습니다.

今日は仕事が多くて忙しいので、早く帰ることができません。
　　　　　　　　　　오늘은 일이 많아서 바쁘기 때문에, 일찍 돌아갈 수 없습니다.

雨が降っているので、道(みち)が込(こ)んでいます。 비가 내리고 있기 때문에, 길이 막히고 있습니다.

02 〜のに　　　　　　　　　　　　　　　　　　　　　　　　　-인데도

今日は日曜日なのに、会社に行かなければなりません。
　　　　　　　　　　　　　　　　오늘은 일요일인데도, 회사에 가지 않으면 안 됩니다.

彼女はきれいなのに、彼氏がいません。　　그녀는 예쁜데도, 남자 친구가 없습니다.

私も忙しいのに、先輩の仕事を手伝うことになりました。
　　　　　　　　　　　　　　　　나도 바쁜데도, 선배의 일을 돕게 되었습니다.

手紙を出したのに、返事が来ません。　　편지를 보냈는데도, 답장이 오지 않습니다.

> **TIP** 접속하는 방법은 [ので]와 같다.

03 〜んです　　　　　　　　　　　　　　　　　　　　　　　　-인 것입니다

今日は私の誕生日なんです。　　　　　　　　　　　오늘은 내 생일입니다.

このごろ仕事が大変なんです。　　　　　　　　　　요즘 일이 힘듭니다.

ごはんを食べすぎて、お腹が痛いんです。　밥을 지나치게 많이 먹어서, 배가 아픕니다.

どうして早く帰るんですか。　　　　　　　　　　왜 일찍 돌아갑니까?

> **TIP** 접속하는 방법은 [ので]와 같다.

禁煙 금연	外 밖	吸う (담배를) 피우다	ところ 곳, 장소	苦手だ 질색이다, 싫다
〜に登る 〜에 오르다	道が込む 길이 막히다	彼氏 남자 친구	先輩 선배	
手伝う 돕다, 거들다	手紙を出す 편지를 보내다	返事 답장	誕生日 생일	

01 다음 예와 같이 맞는 것에 O표 하고, 문장을 완성해 보세요.

> 예) 日本語は簡単です (ので / のに) 大好きです。
> → 日本語は簡単なので大好きです。

❶ もう12月です (ので / のに) あまり寒くありません。
→

❷ 彼女はきれいです (ので / のに) 人気があります。
→

❸ あの店は安くておいしいです (ので / のに) いつも人が多いです。
→

❹ 彼は日本に留学したことがあります (ので / のに) 日本語が下手です。
→

❺ 去年は学生でした (ので / のに) お金がありませんでした。
→

❻ 旅行に行きたかったです (ので / のに) 休みが取れませんでした。
→

❼ 風邪を引いてしまいました (ので / のに) 今日は早く寝ます。
→

❽ 昔は地味でした (ので / のに) おしゃれになりました。
→

02 다음 예와 같이 말해 보세요.

예 コーヒーが出ません / お金を入れました
A: コーヒーが出ないんですか。
B: はい、お金を入れたのに、出ないんです。

❶ 風邪が治りません / 薬を飲みました

❷ 眠いです / 昨日早く寝ました

❸ その料理はおいしくありません / 高いです

❹ 日本語が下手です / 日本に住んでいます

人気 인기　去年 작년　休みを取る 휴가를 받다　風邪を引く 감기 걸리다
昔 옛날　地味だ 수수하다　おしゃれだ 세련되다　入れる 넣다　治る 낫다, 치료되다
眠い 졸리다

 話してみよう 말해보자

03 다음 예 와 같이 말해 보세요.

예　会社を辞めます / 留学に行きます

A: どうして会社を辞めるんですか。
B: 留学に行くので、会社を辞めるんです。

❶ 朝ごはんを食べません / 時間がありません

❷ 引っ越したいです / 会社が遠いです

❸ ダイエットをしています / もうすぐ夏です

❹ 彼が嫌いです / わがままです

❺ 遅れました / 地下鉄が来ませんでした

辞める 그만두다 　　引っ越す 이사하다 　　もうすぐ 이제 곧 　　わがままだ 제멋대로다

聞いてみよう

01 다음 내용을 듣고 맞는 것에 O표 하세요.

	O	X
예	**O**	
①		
②		
③		
④		

42 日本の番組が好きなので、少し聞き取れるんです

読んでみよう ② 읽어보자

　去年の日本旅行では忘れられない思い出ができました。
　私はその旅行中、コンサートを見る予定でした。日本はタクシー代が高いので、タクシーに乗らないで地下鉄で行きました。インターネットで「コンサートホールは駅から歩いて5分」と見たので、駅を出て歩いて行きました。でも歩いても、歩いても、全然ホールが見つからなくて困っている時、女の人が「どこを探しているんですか。」と声をかけてくれました。私は「コンサートホールに行きたいんです。7時のコンサートなので、7時までに行かなければならなくて…。」と言いました。彼女は「それなら、私が案内します。一緒に行きましょう。」と言って、私をホールまで連れて行ってくれました。
　日本語もあまり上手じゃなくてうまく話せないのに、本当に親切に案内してもらって、とても嬉しかったので、私は何度も「ありがとうございます」と言いました。でも、彼女は「気にしなくてもいいですよ。」と言って、笑ってくれました。
　その時から、私は一生懸命日本語の勉強をしています。日本語が前より話せるようになった今は、韓国に旅行に来る外国人にもいい思い出を作ってほしいと思って、日本人を案内するボランティアを始めました。
　これから私も韓国で困っている外国人を見たら、親切にしてあげようと思っています。

★ 위의 내용과 맞으면 O표, 틀리면 X표를 하세요.

❶ この人は女の人に道を聞いて教えてもらいました。（　）

❷ この人は韓国に来る外国人を案内するためにボランティアをしています。（　）

❸ この人は女の人にホールまで連れて行ってほしいと頼みました。（　）

去年 작년	忘れる 잊다	思い出 추억	できる 생기다	タクシー代 택시비	見つかる 발견되다
困る 곤란하다	探す 찾다	声をかける 말을 걸다	嬉しい 기쁘다	何度も 몇 번이나
気にする 신경 쓰다	笑う 웃다	一生懸命 열심히	ボランティア 자원봉사

일본의 술 마시는 습관과 매너

Q 퀴즈 : 일본에서의 술 마시는 습관이나 매너는 어느 것일까요?

❶

❷

❸

❹

 한국에서는 잔이 비어야 다시 잔을 채우지만, 일본에서는 잔에 술이 남아 있을 때 잔을 채워도 실례가 되지 않는다.

 한국에서는 아직 유교의 가르침이 남아 있어서 윗사람과 술을 마실 때는 몸 또는 고개를 옆으로 돌리고 마시지만, 일본에서는 윗사람이 정면에 앉아 있어도 정면을 향해서 마셔도 실례가 되지 않는다.

 한국에서는 소주를 그대로 마시지만, 일본에서는 대부분 소주에 다른 것을 섞어서 마신다. 섞어서 마시는 것의 종류는 다양하지만, 가장 보편적인 것은 얼음, 물, 우롱차, 주스 등으로 소주에 섞어서 희석해서 마신다.

 한국에서 술을 따를 때는 대부분 한쪽 손으로 병을 잡고, 또 다른 손은 술을 따르는 팔에 곁들여서 따르지만, 일본에서는 한쪽 손으로 병을 잡고, 다른 손으로는 병을 바치면서, 즉 두 손이 모두 병을 잡고 따른다. 한국에서의 술 따르는 습관은 전통의상의 저고리 소매가 방해가 되지 않도록 소매를 접은 것, 또 소매 속에 무기 등을 감추지 않았다는 것을 나타내는 것이라고 한다.

42 日本の番組が好きなので、少し聞き取れるんです

薬を飲んでみたらどうですか。

약을 먹어 보는 것이 어떻습니까?

ポイント

❶ 早く病院に行っ<u>た方がいいです</u>。

❷ 今日は無理し<u>ない方がいいです</u>。

❸ 友だちに相談し<u>たらどうですか</u>。

❹ このスカートを履い<u>てみてもいいですか</u>。

体（からだ）がだるい 몸이 나른하다　　食欲（しょくよく） 식욕　　薬（くすり） 약
なかなか 좀처럼　　治（なお）る 낫다　　それに 게다가
吐（は）き気（け）がする 구역질이 나다, 메슥거리다　　それなら 그렇다면
バイト先（さき） 아르바이트 하는 장소　　これから 이제부터　　迎（むか）える 마중하다

山田: もしもし、キムさん、今電話大丈夫ですか。

キム: はい、大丈夫ですよ。どうしたんですか。

山田: 2、3日前から体がだるくて、食欲もないんです。

キム: それは大変ですね。薬を飲んでみたらどうですか。

山田: 薬はもう飲みましたけど、なかなか治らなくて…。
それに今日は吐き気もするんです。

キム: それなら、早く病院に行った方がいいですよ。
私がよく行く病院がありますから、一緒に行ってみましょう。

山田: でも、今日はバイトがありますから…。

キム: 無理しない方がいいですよ。
今日はバイトを休んで病院に行きましょう。

山田: わかりました。バイト先に電話してみます。

キム: これから迎えに行きますから、うちで待っていてください。

覚えよう

01 〜た方がいいです　　　　　　　　　　　　　　　−하는 편(쪽)이 좋습니다

話す練習をする前に、先に単語を覚えた方がいいです。
　　　　　　　　　　　　　　　말하는 연습을 하기 전에, 먼저 단어를 외우는 편이 좋습니다.

具合が悪い時は無理をしないで、ゆっくり休んだ方がいいです。
　　　　　　　　　　　　　　　몸 상태가 안 좋을 때는 무리를 하지 말고, 푹 쉬는 편이 좋습니다.

電車に乗り遅れそうですから、少し急いだ方がいいです。
　　　　　　　　　　　　　　　전철을 놓칠 것 같기 때문에, 조금 서두르는 편이 좋습니다.

02 〜ない方がいいです　　　　　　　　　　　　　　−하지 않는 편(쪽)이 좋습니다

雪が降っているから、車で来ない方がいいです。
　　　　　　　　　　　　　　　눈이 내리고 있기 때문에, 차로 오지 않는 편이 좋습니다.

この道は危ないので、夜は一人で歩かない方がいいです。
　　　　　　　　　　　　　　　이 길은 위험하기 때문에, 밤에는 혼자서 걷지 않는 편이 좋습니다.

日本語が上手になるためには、授業を休まない方がいいです。
　　　　　　　　　　　　　　　일본어를 잘 하게 되기 위해서는, 수업을 쉬지 않는 편이 좋습니다.

오늘 배워보자

03　〜たらどうですか　　　　　　　　　　　　　　　　－하는 것이 어떻습니까?

休みがほしければ、上司に頼んでみ**たらどうですか**。
　　　　　　　　　　　　　　　휴가를 갖고 싶다면, 상사에게 부탁해 보는 것이 어떻습니까?

遅れないように、タクシーで行っ**たらどうですか**。
　　　　　　　　　　　　　　　늦지 않도록, 택시로 가는 것이 어떻습니까?

将来のために、毎月少しずつお金を貯め**たらどうですか**。
　　　　　　　　　　　　　　　장래를 위해서, 매월 조금씩 돈을 저축하는 것이 어떻습니까?

04　〜てみる　　　　　　　　　　　　　　　　　　　　　　－해 보다

このスカートを履い**てみて**もいいですか。　　　이 스커트를 입어 봐도 됩니까?

日本の温泉に行ったら、旅館に泊まっ**てみたい**です。
　　　　　　　　　　　　　　　일본 온천에 간다면, 여관에 묵어 보고 싶습니다.

安い服なら、インターネットで探し**てみたらどうですか**。
　　　　　　　　　　　　　　　싼 옷이라면, 인터넷에서 찾아보는 것이 어떻습니까?

練習 연습　　　先に 먼저　　　具合が悪い 몸 상태가 나쁘다　　　無理 무리
ゆっくり休む 푹 쉬다　　乗り遅れる 놓치다　　道 길　　危ない 위험하다　　一人で 혼자서
歩く 걷다　　上司 상사　　頼む 부탁하다　　将来 장래　　毎月 매월
〜ずつ 〜씩　　貯める 저축하다, 모으다　　スカート 스커트　　履く 입다, 신다
温泉 온천　　旅館 여관　　〜に泊まる 〜에 묵다, 머물다　　服 옷　　探す 찾다

話してみよう

01 다음 예 와 같이 말해 보세요.

> 예　のどが痛いです / うがいをします / 大きい声で話しません
> A: どうしたんですか。
> B: のどが痛いんです。
> A: それなら、うがいをした方がいいですよ。
> 　 それなら、大きい声で話さない方がいいですよ。

❶ お腹の調子が悪いです / 薬を飲みます /
冷たいものを食べすぎません

❷ ストレスがたまっています / 好きな物を食べたり、
遊んだりします / 今日は仕事をしません

❸ 風邪です / 早く病院に行きます / 今日は出かけません

❹ 日本語の会話が下手です / 日本人の友だちを作ります /
授業中、韓国語を使いません

❺ ５キロも太ってしまいました / エレベーターに乗らないで
階段を使います / お菓子を食べません

のど 목　　うがいをする 가글을 하다　　調子 상태　　冷たい 차갑다　　ストレス 스트레스
たまる 쌓이다　　出かける 외출하다　　会話 회화　　階段 계단　　お菓子 과자

02 다음 예와 같이 말해 보세요.

예 単語の意味がわかりません / 辞書で調べます

A: どうしたんですか。
B: 単語の意味がわからないんです。
A: それなら、辞書で調べたらどうですか。
B: わかりました。辞書で調べてみます。

 ❶ 恋人がほしいのに、なかなかできません / 友だちに相談します

 ❷ 日本の会社に就職したいです / 今度、あの会社の面接を受けます

 ❸ 明日の発表が心配です / もう一度資料をチェックします

 ❹ 日本語の聞き取りが下手です / 毎日CDを聞きながら練習します

 ❺ 財布を落としてしまいました / 警察に行きます

意味 의미　　調べる 조사하다　　なかなか 좀처럼　　相談する 상담하다　　就職する 취직하다
今度 이번에, 다음에　　面接を受ける 면접을 보다　　発表 발표　　心配 걱정
もう一度 다시 한 번　　資料 자료　　聞き取り 청취, 듣기　　落とす 떨어뜨리다　　警察 경찰

43 薬を飲んでみたらどうですか

聞いてみよう

들어보자

🔊 Track 21

01 다음 내용을 듣고 해도 되는 것에 O표 하세요.

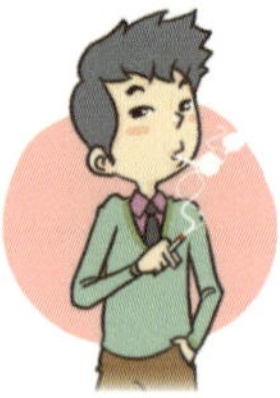

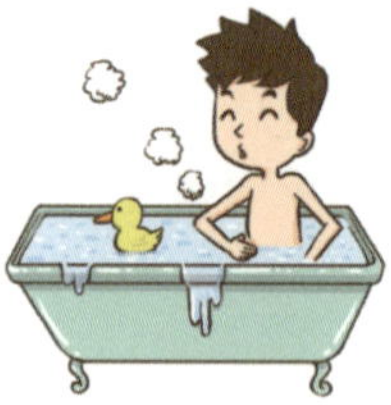

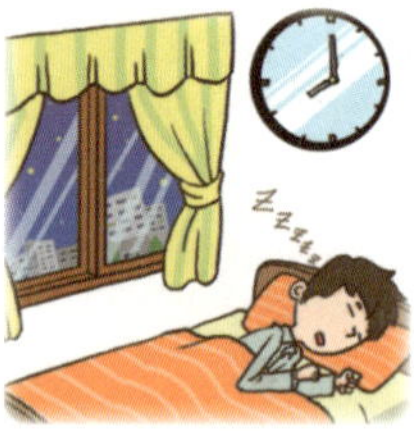

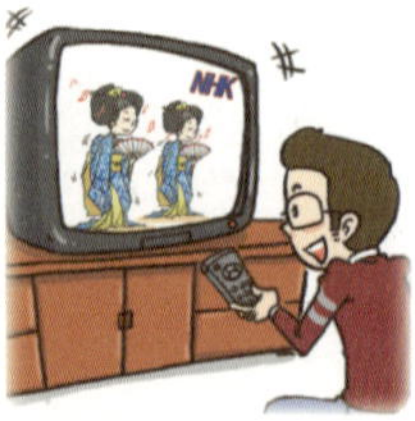

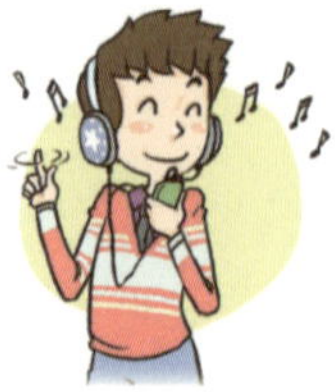

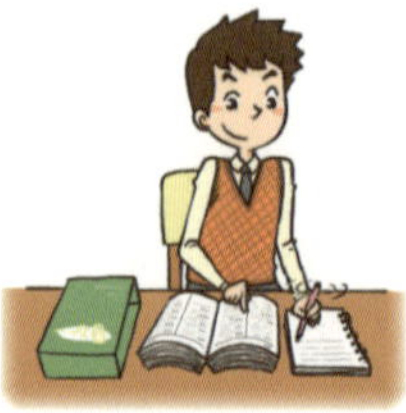

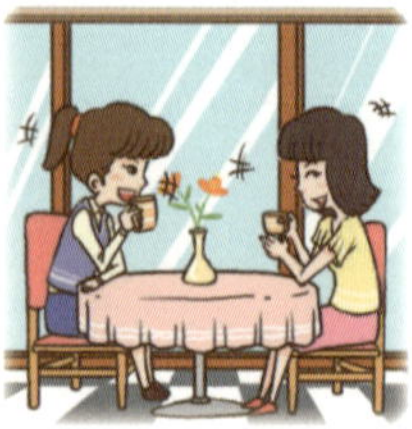

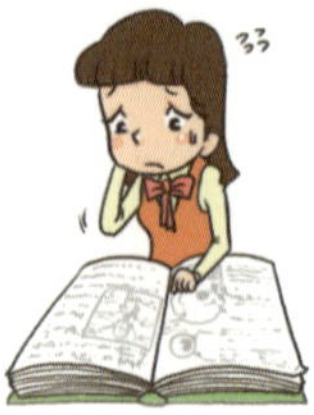

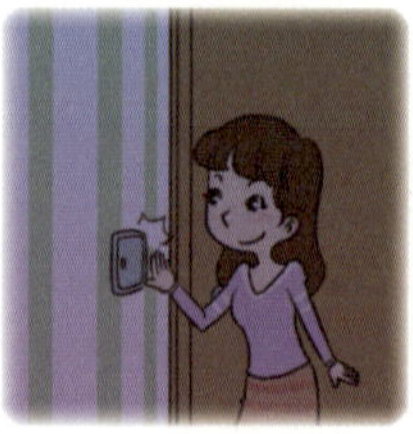

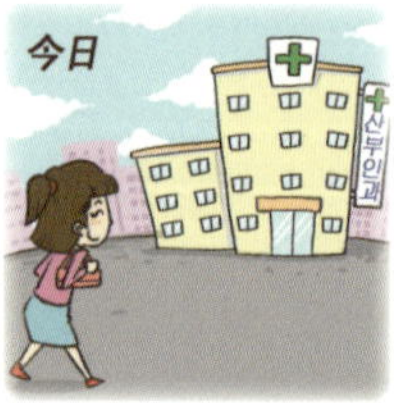

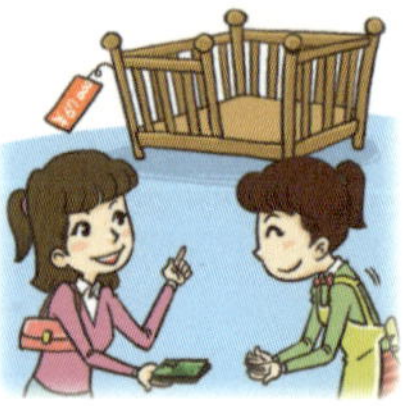

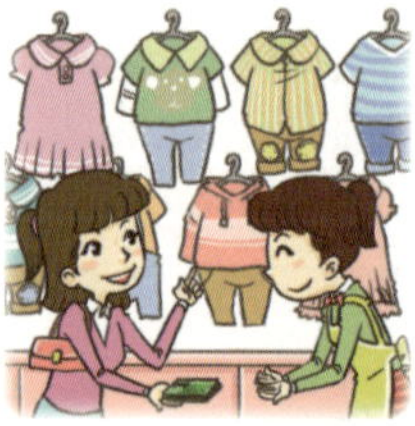

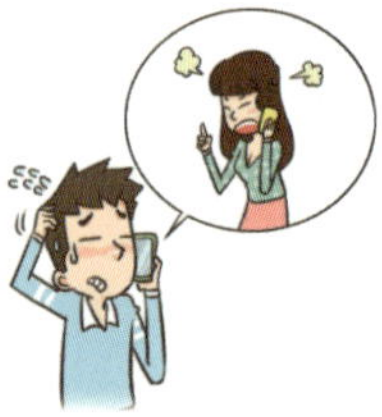

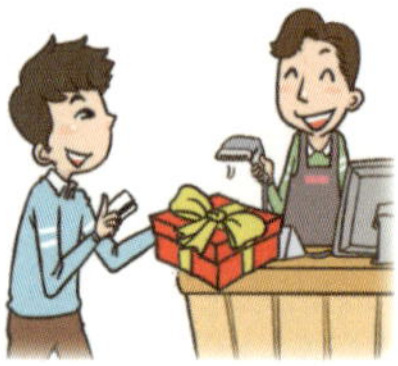

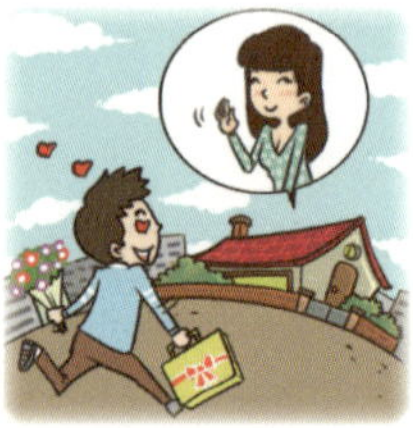

일본의 전통 행사

Q 퀴즈: 다음 그림은 일본의 전통 행사입니다. 각각의 그림에 해당하는 날을 고르세요.

①

②

③

④

(1) 七夕(たなばた) (2) ひな祭(まつ)り (3) こどもの日(ひ) (4) 節分(せつぶん)

(4) 節分(せつぶん): 입춘 전날(2월 3일)에 콩을 뿌려서 악귀를 물리치고 복을 부르는 행사이다. 콩을 뿌릴 때 "도깨비는 밖으로, 복은 안으로(鬼は外、福は内(おに そと ふく うち))"라고 외치면서 던진다.

(2) ひな祭(まつ)り: 삼월 삼짇날(桃の節句(もも せっく))라고 해서 3월 3일에 여자아이가 건강하게 자라서 행복한 결혼생활을 할 수 있도록 기원하는 행사이다. 히나인형을 장식하고 지라시즈시(ちらしずし), 백주(白酒(しろざけ)) 복숭아 꽃 등을 준비한다. 3월 3일이 지난 후에도 히나인형을 치우지 않으면 결혼이 늦어진다는 얘기가 있다.

(1) 七夕(たなばた): 7월 7일에 열리는 행사로, 일년에 한 번 견우와 직녀가 은하수 위에서 만나는 날이라고 전해져서, 이날에 소원을 적은 단자꾸(短冊(たんざく))를 대나무 잎에 매달고 별에게 소원을 빈다.

(3) こどもの日(ひ): 어린이날은 [아이의 인격을 존중하고 아이의 행복을 바라며, 어머니에게 감사하는 날]로 1948년 정해졌다. 5월 5일은 단오절이라고 해서 남자 아이의 건강한 성장을 축하하는 날이었기 때문에 현재도 남자아이가 있는 집에서는 갑옷, 투구, 무사 인형, 잉어모양의 [こいのぼり]를 장식한다.

彼女ができたらしいですよ。

여자 친구가 생긴 것 같습니다.

ポイント

1. アルバイトは思ったより大変らしいです。
2. 男らしい人と付き合いたいです。
3. あの人はお金持ちかもしれません。
4. 夕方には雨がやむでしょう。

できる 생기다　　知り合う 서로 알게 되다
同僚 동료　　紹介する 소개하다　　相手 상대
本当に 정말로　　女らしい 여자답다　　もともと 원래　　理想の人 이상형
～に夢中だ ～에 빠지다, ～에 열중하다　　幸せだ 행복하다　　運命 운명

山田: キムさん、聞きましたか。
パクさん、彼女ができたらしいですよ。

キム: へえ、全然知りませんでした。どこで知り合ったんですか。

山田: 会社の同僚に紹介してもらったらしいです。

キム: 相手はどんな人なんですか。

山田: 優しくてきれいで、本当に女らしい人だそうですよ。

キム: ああ、パクさんはもともと女らしい人が好きですから、
理想の人ですね。

山田: はい、それでパクさんは今彼女に夢中らしいですよ。

キム: そうですか。それなら、今パクさんはとても幸せでしょう。
彼女はパクさんの運命の人かもしれませんね。

山田: そうかもしれません。
パクさん、前から早く結婚したいと言っていましたから、
結婚も早いかもしれませんね。

キム: え、それはまだ早すぎるでしょう。

覚えよう

01　～らしいです　　　　　　　　　　　　　　　　　－인 것 같습니다 / －라고 합니다

명 사：	試験	じゃない / だった / じゃなかった	
な형용사：	おしゃれ	(だ) / じゃない / だった / じゃなかった	＋ らしい
い형용사：	厳し	い / くない / かった / くなかった	
동 사：	雨が	降る / 降らない / 降った / 降らなかった	

来週から梅雨(つゆ)らしいです。　　　　　　　다음 주부터 장마인 것 같습니다.

あのアルバイトは思ったより大変らしいです。　저 아르바이트는 생각보다 힘든 것 같습니다.

新しくできた店は料理がおいしいらしいです。　새로 생긴 가게는 요리가 맛있는 것 같습니다.

彼は留学のために会社を辞めるらしいです。　　그는 유학을 위해서 회사를 그만두는 것 같습니다.

02　명사＋らしいです　　　　　　　　　　　　　　　　　　　　　　　－답습니다

今日は風もなくて暖(あたた)かいので、春らしいです。　오늘은 바람도 없고 따뜻하기 때문에, 봄답습니다.

男らしい人と付(つ)き合(あ)いたいです。　　　　　남자다운 사람과 사귀고 싶습니다.

田中さんは明るくて元気なのに、今日は静かで田中さんらしくありません。
다나카 씨는 밝고 건강한데도, 오늘은 조용해서 다나카 씨답지 않습니다.

03 〜かもしれません
−일지도 모릅니다

あの二人はよく似ていますから、兄弟かもしれません。
저 두 사람은 아주 닮았기 때문에, 형제일지도 모릅니다.

彼女は外食が多いので、料理が苦手かもしれません。
그녀는 외식이 많기 때문에, 요리가 서투를지도 모릅니다.

あの先輩たちは全然話しませんから、仲が悪いかもしれません。
저 선배들은 전혀 얘기하지 않기 때문에, 사이가 나쁠지도 모릅니다.

今日は平日だから、道が空いているかもしれません。
오늘은 평일이기 때문에, 길이 한산할지도 모릅니다.

> **TIP** 접속하는 방법은 [らしい]와 같다.

04 〜でしょう
−이겠지요

このケータイは朝からここにあるから、忘れ物でしょう。
이 휴대폰은 아침부터 여기에 있기 때문에, 분실물이겠지요.

中村さんはアメリカに住んでいたから、英語が上手でしょう。
나까무라 씨는 미국에 살았기 때문에, 영어를 잘하겠지요.

この部屋は駅から遠いし、古いから家賃は安いでしょう。
이 방은 역에서 먼데다가, 낡았기 때문에 집세는 싸겠지요.

夕方には雨がやむでしょう。
저녁 무렵에는 비가 그치겠지요.

> **TIP** 접속하는 방법은 [らしい]와 같다.

梅雨 장마	思ったより 생각했던 것보다	できる 생기다	風 바람	暖かい 따뜻하다
男 남자	付き合う 사귀다	似る 닮다	兄弟 형제	外食 외식	苦手だ 서툴다
仲 사이	平日 평일	道が空く 길이 한산하다	忘れ物 분실물	家賃 집세
夕方 저녁 무렵	やむ 그치다

話してみよう

01 다음 예 와 같이 말해 보세요.

예 あのパン屋は人気があります / パンがやわらかくておいしいです

A: あのパン屋は人気があるらしいですよ。
B: そうですか。どうして人気があるんですか。
A: パンがやわらかくておいしいらしいです。

❶ 彼は最近日本語が上手になりました / 彼女が日本人です

❷ 田中さんが会社を辞めます / お父さんの会社を手伝うつもりです

❸ パクさんは引っ越しました / うちが遠くて大変でした

❹ あの二人は別れました / 性格が合いませんでした

パン屋 빵집	やわらかい 부드럽다	別れる 헤어지다	性格 성격	合う 맞다
スタイル 스타일	おしゃれだ 세련되다	モデル 모델	声 (목)소리	発音 발음
アナウンサー 아나운서	笑う 웃다	京都 쿄토	お寺 절	着物 기모노
子 아이	化粧 화장	中学生 중학생	今年 올해	キャロル 캐롤	聞こえる 들리다
街 거리	好き嫌い 좋고 싫음	話し方 말투	大人 어른	

02 다음 예와 같이 말해 보세요.

예1 森さん / スタイルがいいです / いつもおしゃれです / モデル

A: 森さんはスタイルがいいし、いつもおしゃれですね。
B: そうですね。本当にモデルらしいですね。

① 彼女 / 声もきれいです / 発音もいいです / アナウンサー

② 鈴木さんの子ども / よく笑います / 元気です / 子ども

③ 京都 / 古いお寺がたくさんあります / 着物を着ている人が多いです / 日本

예2 田中さんの子ども / 静かです / 大人しいです / 子ども

A: 田中さんの子どもは静かだし、大人しいですね。
B: そうですね。あまり子どもらしくありませんね。

④ あの子 / 背も高いです / 化粧もしています / 中学生

⑤ 今年 / キャロルもあまり聞こえません / 街に人も少ないです / クリスマス

⑥ 彼 / 食べ物の好き嫌いも多いです / 話し方も子どもみたいです / 大人

話してみよう

03 다음 예와 같이 말해 보세요.

예 午後は晴れます / 空が明るいです / 空が暗いです

A: 午後は晴れるでしょうか。
B: 空が明るいので、晴れるかもしれません。
　 空が暗いので、晴れないかもしれません。

❶ 今度の試験に受かります / たくさん勉強しました / 難しい試験です

❷ あの人はお金持ちです / 高そうな服を着ています / けちです

❸ 大学の時、田中さんは真面目でした / 成績がよかったです / 今もよくサボります

❹ 高校の時、彼は人気がありました / かっこいいです / うそつきです

午後 오후	晴れる 맑다	空 하늘	暗い 어둡다	~に受かる ~에 붙다, 합격하다
けち 구두쇠	成績 성적	サボる 땡땡이 치다	うそつき 거짓말쟁이

聞いてみよう

Track 24

01 다음을 듣고 맞는 것에 O표 하세요.

		a	b	c
예	いつ結婚する?			O
①	相手はどんな人?			
②	どこで会った?			
③	新婚旅行はどこ?			

44 彼女ができたらしいですよ

これは韓国でたくさんの人に読まれている小説です。

이것은 한국에서 많은 사람들에게 읽혀지고 있는 소설입니다.

ポイント

❶ 昨日帰りに雨<u>に降られて</u>しまいました。

❷ 桜<u>は</u>日本人<u>に愛されて</u>います。

❸ 富士山<u>という</u>山を知っていますか。

すすめる 추천하다		
小説 소설	たくさんの人 많은 사람	
翻訳する 번역하다	一度 한 번	調べる 조사하다
ところで 그런데	眠い 졸리다	急に 갑자기
その後 그 후	騒ぐ 떠들다	結局 결국	だから 그래서

キム： 山田さん、今何を読んでいるんですか。

山田： 先生にすすめられた韓国の小説です。

キム： ああ、その本、今韓国でたくさんの人に読まれている小説ですよ。

山田： そうなんですか。全部韓国語で書かれているので、少し難しいですが、おもしろいです。

キム： その本は有名なので、日本語でも翻訳されているかもしれませんよ。

山田： そうですか。一度調べてみます。
ところで、キムさんは眠そうですね。何かあったんですか。

キム： 実は昨日、急に友だちに来られてしまって…。

山田： 友だちは何をしに来たんですか。

キム： 「マッコリ」という韓国のお酒を一緒に飲みたくて来たらしいです。

山田： それで、友だちは何時までいたんですか。

キム： 1時に帰ったんですが、その後も隣の人に騒がれて、結局昨日はあまり寝られなかったんです。

山田： だから疲れているんですか。昨日は本当に大変でしたね。

覚えよう

01　명사に수동형　　　　　　　　　　　　　　　　　　－에게 함을 당하다

昨日帰りに雨に降られてしまいました。　　　어제 돌아가는 길에 비를 맞고 말았습니다.

忙しいのに、友だちに来られました。　　　바쁜데도, 친구가 와서 곤란했습니다.

隣の家の人に騒がれて、寝られませんでした。　　옆집 사람이 시끄럽게 해서, 잘 수 없었습니다.

02　명사(무생물)は수동형　　　　　　　　　　　　　　　－는 －해지다

このビルは去年建てられました。　　　이 빌딩은 작년에 지어졌습니다.

桜は日本人に愛されています。　　　벚꽃은 일본인에게 사랑 받고 있습니다.

この小説は世界中で読まれています。　　　이 소설은 전 세계에서 읽혀지고 있습니다.

03　명사という명사　　　　　　　　　　　　　　　　　－라고 하는

佐藤さんという方から電話がありました。　　사또 씨라고 하는 분으로부터 전화가 있었습니다.

新幹線という日本の電車に乗ったことがあります。
　　　　　　　　　　　신칸센이라고 하는 일본 전철을 타 본 적이 있습니다.

牛丼という日本の食べ物を知っていますか。
　　　　　　　　　　　규동(소고기 덮밥)이라고 하는 일본 음식을 알고 있습니까?

話してみよう

말해보자

Track 26

01 다음 예와 같이 말해 보세요.

예 **雨が降る / 風邪を引いてしまった**
A: 雨に降られたことがありますか。
B: はい、雨に降られて、風邪を引いてしまいました。

❶ 一晩中、子どもが泣く / 寝られなかった

❷ 飼っていた犬が死ぬ / とても悲しかった

❸ 電車の中で高校生が騒ぐ / とても迷惑だった

❹ 試験があるのに、友だちが来る / 全然勉強できなかった

帰り 돌아가는 길에	隣 옆, 이웃	騒ぐ 떠들다	ビル 빌딩	去年 작년	建てる 짓다, 세우다
桜 벚꽃	愛する 사랑하다	小説 소설	世界中 전 세계	方 분	新幹線 신칸센
牛丼 규동, 소고기 덮밥	一晩中 밤새도록	飼う 기르다	悲しい 슬프다	迷惑だ 폐가 되다, 성가시다	

45 これは韓国でたくさんの人に読まれている小説です 079

話してみよう

02 다음 예와 같이 말해 보세요.

예 荷物 / 何で送る / 船
A: 荷物は何で送られますか。
B: 船で送られます。

❶ バター / 何から作る / 牛乳

❷ 国際会議 / どこで開く / ソウル

❸ 卒業式 / いつ行う / 2月20日

❹ そのスニーカー / いくらで売っている / 3980円

❺ 漢字 / どんな国で使っている / 日本や中国

03 다음 예와 같이 말해 보세요.

예 たこ焼き / 料理 / おいしいです / 大阪で有名です

A: たこ焼きという料理を知っていますか。
B: いいえ、知りません。どんな料理ですか。
A: おいしくて、大阪で有名な料理です。

❶ 富士山 / 山 / とてもきれいです / 日本で一番高いです

❷ 渋谷 / ところ / 若者に人気があります / 買い物にいいです

❸ ゆかた / 服 / 日本の伝統的な服です / 夏に着ます

❹ 駅弁 / 弁当 / 日本中の駅で売られています / その地域の名物が入っています

荷物 짐	送る 보내다	船 배	バター 버터	牛乳 우유	国際会議 국제회의
開く 열리다	卒業式 졸업식	行う 거행하다	スニーカー 스니커즈	売る 팔다	
たこ焼き 타코야끼	富士山 후지산	山 산	渋谷 일본 지명(시부야)	若者 젊은이	
ゆかた 여름에 입는 일본의 전통 옷	伝統的 전통적이다	駅弁 역에서 파는 도시락	弁当 도시락		
地域 지역	名物 명물				

聞いてみよう 들어보자

Track 27

01 다음 내용을 듣고 맞는 것에 O표를 하세요.

예) a. (O) b.
① a. b.
② a. b.
③ a. b.
④ a. b.
⑤ a. b.

読んでみよう ③

あなたは日本の居酒屋にある「飲み放題」というシステムを知っていますか。
時間制限はあるけど、決められた飲み物はその時間以内なら、何杯でも飲むことができるシステムです。飲み物の種類も、いろいろな材料から作られたお酒やカクテル、ビールなどがたくさんあるから、好きなものを選んで飲むことができます。
時間制限があるから、ゆっくりはできないけど、少ないお金でたくさん飲みたい時はいいかもしれません。
飲み放題に来る人の中には、飲みすぎてしまう人もいるらしいです。実は私も飲み放題に行って飲みすぎてしまったことがあります。その時はいろいろなカクテルが飲みたくて、たくさん飲んで酔っ払ってしまったので、みんなに笑われました。
でも体のためには飲みすぎない方がいいでしょう。
もし、日本に行く機会があったら、居酒屋に行ってみたらどうですか。
日本の居酒屋は料理もなかなかおいしいし、日本らしい雰囲気もあるから、一度行ってみた方がいいと思います。
きっとあなたも居酒屋の飲み放題が好きになるでしょう。

★ 위의 내용과 맞으면 O표, 틀리면 X표를 하세요.

❶ 飲み放題では居酒屋にあるお酒なら何でも飲めます。(   )

❷ 飲み放題ではたくさん飲んでもいいですが、時間は決められています。(   )

❸ 飲み放題では飲みすぎる人がたくさんいるそうです。(   )

居酒屋 일본식 선술집　飲み放題 술 무한 리필　制限 제한　決める 정하다　以内 이내
何杯でも 몇 잔이라도　種類 종류　いろいろな 여러 가지　材料 재료
カクテル 칵테일　酔っ払う 만취하다　機会 기회　なかなか 매우　雰囲気 분위기
きっと 틀림없이

45 これは韓国でたくさんの人に読まれている小説です

昨日課長に残業させられました。

어제 과장님에 의해서 어쩔 수 없이 야근을 했습니다.

ポイント

① 上司に歌を歌わされました。

② 今日は早く帰らせてください。

③ 会議はまだ始まっていません。

課長 과장
残業する 잔업하다
夜中 한밤중
ずっと 계속, 쭉
帰り 귀가
部長 부장
海外出張 해외출장
準備 준비
できる 되다
新入社員 신입사원
後輩 후배
報告書 보고서
ずいぶん 몹시, 대단히, 많이
かかる 걸리다
入社する 입사하다
〜に慣れる 〜에 숙달되다, 〜에 길들여지다
資料 자료
調べる 조사하다
社会生活 사회생활
上司 상사

山田： キムさん、疲れているようですね。

キム： ええ、昨日課長に残業させられて、夜中2時に帰ったんですよ。

山田： へえ、2時ですか。最近ずっと帰りが遅いんですね。

キム： はい、今日から部長が海外出張に行くんですが、その準備がまだできていなくて、仕事をさせられたんです。

山田： キムさん1人でその準備をしたんですか。

キム： いいえ、課長と新入社員の後輩と3人でしました。私は課長に報告書を書かされましたが、ずいぶん時間がかかってしまって、大変でした。

山田： 後輩は何をしたんですか。

キム： 後輩は入社したばかりなので、まだ仕事に慣れていないのに、課長に資料を調べさせられて、大変だったらしいです。

山田： 社会生活は大変ですね。

キム： そうですね。上司には「早く帰らせてください」と言いたくても言えませんからね。

覚えよう

01 명사에 사역수동형　　　　　　　　　　－에 의해 어쩔 수 없이 －하다

		기본형	사역수동형
1그룹동사	어미あ단 + される / せられる　　예외 う → わ　**단 [す]로 끝나는 동사는 [される]를 붙일 수 없다.	手伝う	手伝わされる
		払う	払わされる
		行く	行かされる
		泳ぐ	泳がされる
		消す	消させられる
		持つ	持たされる
		選ぶ	選ばされる
		飲む	飲まされる
		作る	作らされる
2그룹동사	어미る + させられる	調べる	調べさせられる
		片付ける	片付けさせられる
3그룹동사		来る	来させられる
		発表する	発表させられる

母にピーマンを無理やり食べさせられました。　엄마가 시켜서 피망을 억지로 어쩔 수 없이 먹었습니다.

私は歌が苦手なのに、上司に歌を歌わされました。
　　　　　　　　　　　　나는 노래를 못하는데도, 상사가 시켜서 어쩔 수 없이 불렀습니다.

練習したくないのに、先生に毎日バイオリンの練習をさせられています。
　　　연습하고 싶지 않았는데도, 선생님이 시켜서 바이올린 연습을 어쩔 수 없이 했습니다.

오머보자

02　사역형 + てください
−하게 해주세요

急用ができたので、今日は早く帰らせてください。
급한 일이 생겼기 때문에, 오늘은 먼저 돌아가게 해주세요.

自信があるので、その仕事を私にさせてください。
자신이 있으니까, 그 일을 제게 시켜 주십시오.

プロポーズの返事は、来週まで考えさせてください。
프러포즈 대답은 다음 주까지 생각하게 해주세요.

03　まだ～ていません
아직 −하지 않았습니다

昼ごはんはまだ食べていません。　　　점심은 아직 먹지 않았습니다.

会議はまだ始まっていません。　　　회의는 아직 시작되지 않았습니다.

田中さんはまだ来ていません。　　　다나까 씨는 아직 오지 않았습니다.

無理やり 무리하게, 억지로　　上司 상사　　バイオリン 바이올린　　急用 급한 일　　自信 자신
プロポーズ 프러포즈　　返事 답장, 대답　　考える 생각하다　　始まる 시작되다

話してみよう

01 다음 예 와 같이 말해 보세요.

예 **大学の時 / サークルの先輩 / 朝までお酒を飲む**

A: 大学の時、サークルの先輩に何をさせられましたか。
B: 大学の時、サークルの先輩に朝までお酒を飲まされました。

❶ デートの時 / 彼女 / 高いかばんを買う

❷ 高校の時 / 先生 / 毎日漢字の試験を受ける

❸ 入社したばかりの時 / 上司 / 毎日夜遅くまで働く

❹ 飲み会の時 / 友だち / 隣の席からお酒をもらってくる

サークル 서클	先輩 선배	入社する 입사하다	上司 상사	働く 일하다	飲み会 회식
席 자리	親友 친한 친구	結婚式 결혼식	コピーする 복사하다	発表 발표	準備 준비
荷物 짐	運ぶ 운반하다, 나르다	空港 공항	両親 부모님	迎える 마중하다	

02 다음 예와 같이 말해 보세요.

예) 明日休む / 親友の結婚式に出る

A: 明日休ませてください。
B: どうしてですか。
A: 親友の結婚式に出るために、休みたいんです。
B: わかりました。明日休んでもいいですよ。

❶ コピーする / 来週の発表だ

❷ 隣の部屋を使う / 会議の準備だ

❸ ここに車を止める / 荷物を運ぶ

❹ 5時に帰る / 空港へ両親を迎えにいく

 話してみよう　말해보자

03 다음 예 와 같이 말해 보세요.

예 宿題 / 出す
A: 宿題はもう出しましたか。
B: はい、もう出しました。
　　いいえ、まだ出していません。

 ❶ 仕事 / 終わる

 ❷ 飛行機（ひこうき） / 予約（よやく）する

 ❸ この課（か）の単語（たんご） / 覚（おぼ）える

 ❹ 先生に借りた本 / 読む

 ❺ 旅行先（りょこうさき） / 決（き）める

飛行機（ひこうき） 비행기　　予約（よやく）する 예약하다　　課（か） 과　　旅行先（りょこうさき） 여행지　　決（き）める 결정하다

01 다음을 듣고 맞는 것에 O표 하세요.

내가 한 일	부하가 한 일

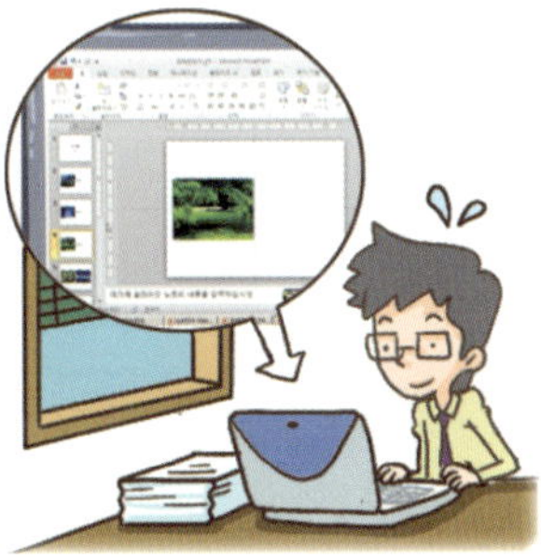

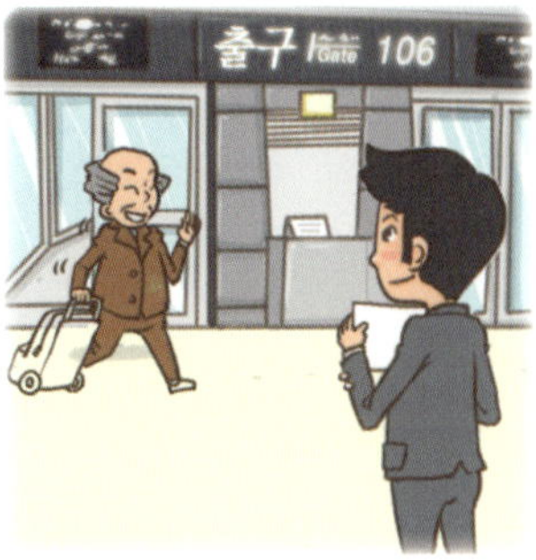

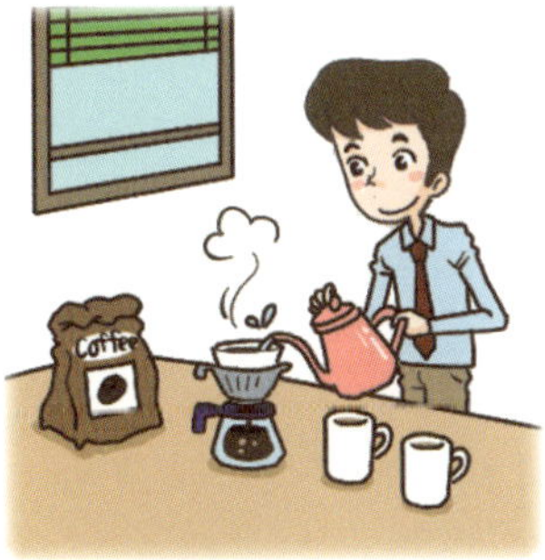

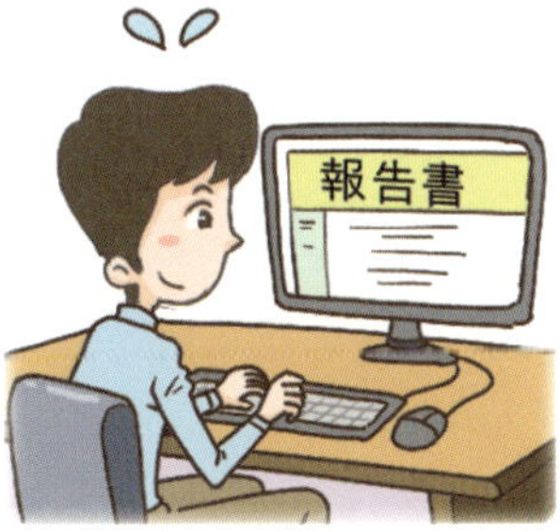

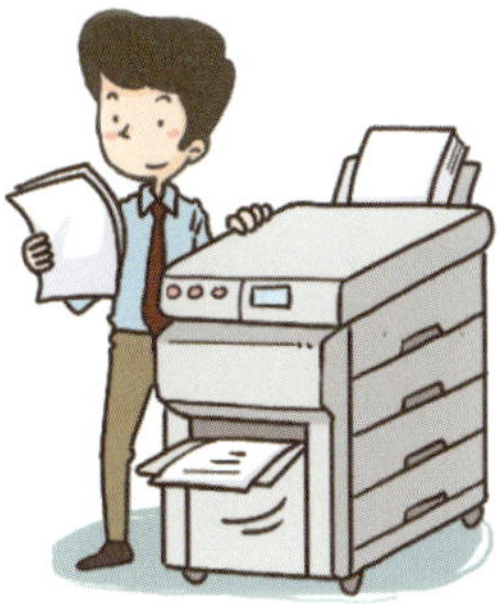

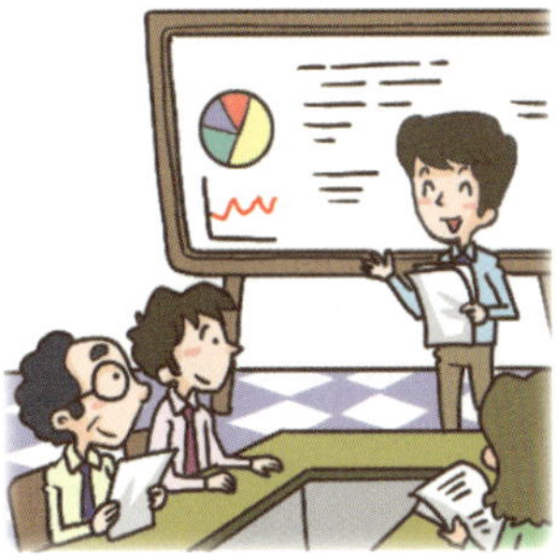

パーティーの料理は作ってありますか。

파티 요리는 만들어져 있습니까?

ポイント

1. 車が走っています。
2. 財布が落ちています。
3. 部屋を片付けています。
4. 仕事のために、パソコンがつけてあります。
5. 会議の前に資料を集めておきます。

あと 앞으로	～で ~이면	
いよいよ 마침내	卒業パーティー 졸업파티	
秘密 비밀	一生懸命 열심히	
準備する 준비하다	喜ぶ 기뻐하다	
ちゃんと 꼼꼼하게, 틀림없이	確認する 확인하다	
注文する 주문하다	それから 그리고	他 다른
頼む 부탁하다	大丈夫だ 괜찮다	冷やす 식히다, 차게하다	さっき 아까, 조금 전
入れる 넣다	電池 건전지	入る 들어가다	楽しみだ 기대되다

鈴木: キムさん、あと1時間で、いよいよ山田さんの卒業パーティーですね。

キム: はい、今日まで山田さんに秘密で一生懸命準備してきましたから、山田さんが喜んでくれるといいですね。

鈴木: そうですね。じゃあ、ちゃんと準備ができているか、確認してみましょう。料理はどうなっていますか。

キム: チキンとピザは少し前に注文しておきました。それから、他の料理は今佐藤さんとパクさんが作っています。

鈴木: ケーキは買ってありますか。

キム: アンさんに買って来るように頼んでありますから、大丈夫です。

鈴木: わかりました。ビールは冷やしてありますか。

キム: ええ、さっき入れておきました。

鈴木: 食べ物は全部大丈夫ですね。デジカメの電池は入っていますか。

キム: さっき確認してみましたが、入っていましたよ。

鈴木: それじゃ、準備はできましたね。楽しみです。

覚えよう

01 자동사 + ている(진행, 상태)　　　　　　　　　　－하고 있다 / －해져 있다

車が走っています。　　　　　　　　　　　차가 달리고 있습니다.(진행)

子どもが泣いています。　　　　　　　　　아이가 울고 있습니다.(진행)

財布が落ちています。　　　　　　　　　　지갑이 떨어져 있습니다.(상태)

昨日の台風で、木が倒れています。　　　　어제 태풍으로 나무가 쓰러져 있습니다.(상태)

電気がついていませんから、誰もいないと思います。
　　　　　　　　　　불이 켜 있지 않기 때문에, 아무도 없을 거라고 생각합니다.(상태)

02 타동사 + ている(진행)　　　　　　　　　　　　　　－하고 있다

妹は今、部屋を片付けています。　　　　　여동생은 지금 방을 정리하고 있습니다.

お客さんが来るので、料理を作っています。　손님이 오기 때문에, 요리를 만들고 있습니다.

あそこでコーヒーを飲んでいる人が田中さんです。
　　　　　　　　　　　　저기에서 커피를 마시고 있는 사람이 다나까 씨입니다.

彼はめがねをかけて、帽子をかぶっています。　그는 안경을 끼고, 모자를 쓰고 있습니다.

私はスーツを着ている人が好きです。　　　나는 정장을 입은 사람을 좋아합니다.

> **TIP** 몸에 착용하는 동사는 [타동사＋ている]로 [상태]를 나타낼 수 있다.

03 ～が 타동사 + てある(상태)　　　　　　　　　　　　　　　　　-가 해져 있다

花を飾りました。それで、花が飾ってあります。
꽃을 장식했습니다. 그래서 꽃이 장식되어 있습니다.

まだ仕事が残っているので、パソコンがつけてあります。
아직 일이 남아 있기 때문에, 컴퓨터가 켜져 있습니다.

約束を忘れないように、壁にメモが貼ってあります。
약속을 잊지 않도록, 벽에 메모가 붙여져 있습니다.

04 타동사 + ておく　　　　　　　　　　　　　　　　　-해 놓다

友だちが遊びに来る前に、部屋を掃除しておきます。
친구가 놀러 오기 전에, 방을 청소해 놓습니다.

旅行に行く前に、ホテルを予約しておいた方がいいです。
여행 가기 전에, 호텔을 예약해 놓는 편이 좋습니다.

次の会議までに、この問題について考えておいてください。
다음 회의까지, 이 문제에 대해서 생각해 놓으세요.

走る 달리다	泣く 울다	落ちる 떨어지다	台風 태풍	木 나무	倒れる 쓰러지다
電気 전기	つく 켜지다	妹 여동생	片付ける 정리하다		お客さん 손님
帽子 모자	スーツ 정장	飾る 장식하다	残る 남다	つける 켜다	壁 벽
メモ 메모	貼る 붙이다	掃除する 청소하다	次 다음	問題 문제	
～について ～에 대해서		考える 생각하다			

話してみよう

01 다음 그림을 보고 [자동사+ている]로 상태를 표현해 보세요.

消す	消える	壊す	壊れる	閉まる	閉める	つける	つく
開ける	開く	汚れる	汚す	倒れる	倒す	落ちる	落とす

예) ドア → ドアが閉まっています。

① 窓

② カレンダー

③ テレビ

④ 本

⑤ 電気

⑥ 服

02 다음 그림을 보고 [타동사+てある]로 상태를 표현해 보세요.

消す	消える	壊す	壊れる	閉まる	閉める	つける	つく
開ける	開く	洗う	磨く	並べる	並ぶ	かかる	かける

例　ドア　→　ドアを開けました。それで、ドアが開けてあります。

1. 窓
2. カレンダー
3. テレビ
4. 本
5. 電気
6. 服

話してみよう 말해보자

03 다음 예와 같이 말해 보세요.

예 友だちが遊びに来る / 果物やお菓子を買う

A：友だちが遊びに来る前に、何をしておきますか。
B：果物やお菓子を買っておきます。

❶ 山登りに行く / 地図を見る

❷ パーティーをする / ワインを冷やす

❸ 就職面接を受ける / その会社について調べる

❹ 会議 / 資料を集める

❺ 試験 / 習ったことを復習する

果物 과일　　お菓子 과자　　山登り 등산　　地図 지도　　冷やす 식히다, 차게 하다
就職面接 취직 면접　　～について ~에 대해서　　調べる 조사하다　　資料 자료
集める 모으다　　復習する 복습하다

聞いてみよう

Track 33

01 다음 내용을 듣고, 해당하는 곳에 표시해서 맞는 그림을 찾아보세요.

	ⓐ	ⓑ	ⓒ
	( )	( )	( )
예 お皿とコップ	O	O	O
❶ 花			
❷ 窓			
❸ エアコン			
❹ ワイン			
❺ 果物			

47 パーティーの料理は作ってありますか

자동사, 타동사 일람 ①

開く
열리다

開ける
열다

閉まる
닫히다

閉める
닫다

入る
들어가다

入れる
넣다

出る
나가다

出す
내보내다

つく
켜지다

つける
켜다

消える
꺼지다

消す
끄다

起きる
일어나다

起こす
깨우다

並ぶ
줄서다

並べる
배열하다

かかる
걸리다

かける
걸다

止まる
서다

止める
세우다

자동사, 타동사 일람 ②

落ちる / 떨어지다 落とす / 떨어뜨리다 集まる / 모이다 集める / 모으다

壊れる / 망가지다 壊す / 망가뜨리다 倒れる / 쓰러지다 倒す / 쓰러뜨리다

汚れる / 더러워지다 汚す / 더럽히다 割れる / 깨지다 割る / 깨다

몸에 착용하는 동사

- 帽子をかぶる / 모자를 쓰다
- ネクタイを締める(する) / 넥타이를 매다(하다)
- 時計をはめる(する) / 시계를 차다
- ズボンを履く / 바지를 입다
- 靴を履く / 구두를 신다
- パーマをかける / 파마를 하다
- めがねをかける / 안경을 끼다
- セーターを着る / 스웨터를 입다
- かばんを持つ / 가방을 들다

47 パーティーの料理は作ってありますか

こちらにおかけになって、お待ちください。
이쪽에 앉으셔서, 기다려주십시오.

ポイント

1. 鈴木先生は飲み会に<u>出席されましたか</u>。
2. 社長はさっき<u>お帰りになりました</u>。
3. こちらにお名前とご住所を<u>お書きください</u>。
4. 傘を<u>お貸ししましょうか</u>。
5. お名前は何と<u>おっしゃいますか</u>。
6. 韓国のソウルから<u>参りました</u>。

フロント 프론트

いらっしゃいませ 어서오십시오

ご宿泊 숙박	一泊 일박, 하루 숙박	書類 서류	お名前 이름
ご住所 주소	では 그러면	係りの者 담당자	ご案内 안내
いたす 해드리다	おかけになる 앉으시다	係員 계원, 담당자	お飲み物 마실 것, 음료수
召し上がる 드시다	いただく 먹다, 마시다의 겸양어	かしこまりました 알겠습니다의 겸양어	
お食事 식사	なさる 하시다	~ごろ ~쯤, ~경	戻る 되돌아오다	ご用意 준비, 채비

フロント： いらっしゃいませ。ご宿泊ですか。

山田　： はい、そうです。今日一泊したいんです。

フロント： では、こちらの書類にお名前とご住所をお書きください。

山田　： わかりました。ここに書けばいいですね。

フロント： はい、そちらです。
では、係りの者がお部屋へご案内いたしますので、こちらにおかけになってお待ちください。

係員： 何かお飲み物を召し上がりますか。

山田： はい、ではお茶をいただきます。

係員： かしこまりました。お食事はいつになさいますか。

山田： 今から少し出かけたいので、少し後でも大丈夫ですか。

係員： はい、何時ごろこちらへお戻りになりますか。

山田： 7時ごろだと思います。

係員： それでは、お食事は7時半にご用意いたします。

覚えよう

01 ～れる / られる (존경어) －하시다

社長はさっき帰られました。　　　　　　사장님은 조금 전에 귀가하셨습니다.

校長先生は何を話されましたか。　　　　교장 선생님은 무엇을 말씀하셨습니까?

鈴木先生は飲み会に出席されましたか。　스즈끼 선생님은 회식에 나오셨습니까?

中村部長が新製品について説明されました。
　　　　　　　　　　　　　　　　　　나까무라 부장님이 신제품에 대해서 설명하셨습니다.

02 お 동사ます형 + になる
　　お/ご 동작성 명사 + になる (존경어) －하시다

社長はさっきお帰りになりました。　　　　사장님은 조금 전에 귀가하셨습니다.

校長先生は何をお話しになりましたか。　　교장 선생님은 무엇을 말씀하셨습니까?

鈴木先生は飲み会にご出席になりましたか。スズ끼 선생님은 회식에 나오셨습니까?

中村部長が新製品についてご説明になりました。
　　　　　　　　　　　　　　　　　　　나까무라 부장님이 신제품에 대해서 설명하셨습니다.

たんご

社長 사장　　さっき 조금 전, 아까　　校長 교장　　出席する 출석하다, 나오다
部長 부장　　新製品 신제품　　～について ～에 대해서　　説明する 설명하다

외워보자

03 お 동사ます형 + ください
お/ご 동작성 명사 + ください (존경어)   －해 주십시오

お客様、こちらで少々お待ちください。   손님, 이쪽에서 잠시 기다려 주십시오.

こちらにお名前とご住所をお書きください。   이쪽에 성함과 주소를 써 주십시오.

ご両親によろしくお伝えください。   부모님께 안부 전해주십시오.

足元にご注意ください。   발 밑을 주의해 주십시오.

04 お 동사ます형 + する
お/ご 동작성 명사 + する (겸양어)   －해 드리겠습니다

私がお手伝いします。   제가 도와 드리겠습니다.

傘をお貸ししましょうか。   우산을 빌려 드릴까요?

明日、こちらからお電話します。   내일, 이쪽에서 전화 드리겠습니다.

面接の結果はこちらからご連絡します。   면접 결과는 이쪽에서 연락드리겠습니다.

たんご

お客様 손님   少々 잠시   住所 주소   両親 부모   よろしく 잘, 아무쪼록
伝える 전하다   足元 발 밑   注意 주의   手伝う 돕다, 거들다   貸す 빌려 주다
面接 면접   結果 결과   連絡する 연락하다

覚えよう 오외어보자

05 특별 경어

동사	의미	존경어	겸양어
行く	가다	いらっしゃる	参(まい)る
来る	오다	いらっしゃる	
いる	있다		おる
言う	말하다	おっしゃる	申(もう)す
する	하다	なさる	いたす
食べる	먹다	召(め)し上(あ)がる	いただく
飲む	마시다	召(め)し上(あ)がる	いただく
見る	보다	ご覧(らん)になる	拝見(はいけん)する
知る	알다	ご存(ぞん)じだ	存(ぞん)じる
座る	앉다	おかけになる	
会う	만나다		お目(め)にかかる
あげる	주다		さしあげる
くれる	주다	くださる	
もらう	받다		いただく

出張(しゅっちょう) 출장　戻(もど)る 되돌아오다　おととい 그저께　お客様(きゃくさま) 손님　泊(と)まる 묵다　旅館(りょかん) 여관
教授(きょうじゅ) 교수　論文(ろんぶん) 논문　文化(ぶんか) 문화　出発(しゅっぱつ)する 출발하다

話してみよう

01 다음 예와 같이 말해 보세요.

예 社長 / 何 / 買う / 新しい車
A: 社長は何をお買いになりましたか。
B: 新しい車をお買いになりました。

❶ 山田さん / 何時 / 出かける / 4時

❷ 部長 / いつ / 出張から戻る / おととい

❸ お客様 / どちら / 泊まる / 旅館

❹ 田中教授 / どんな論文 / 書く / 日本文化の論文

❺ 鈴木先生 / 何時 / 出発する / 7時半

❻ 新製品 / 誰 / 説明する / 中村部長

話してみよう

02 다음 예와 같이 말해 보세요.

예　このパソコンを使う
A: このパソコンをお使いください。
B: はい、わかりました。このパソコンを使います。

❶ 説明書をよく読む

❷ もう一度電話番号を確かめる

❸ 明日までに電話する

❹ 日本に着いたら連絡する

説明書 설명서　確かめる 확인하다　着く 도착하다　届ける 배달하다　案内する 안내하다

03 다음 예와 같이 말해 보세요.

예 かばんを持つ

A: かばんを持ってくれませんか。
B: はい、私がかばんをお持ちします。

❶ タクシーを呼ぶ

❷ 駅まで車で送る

❸ 明日までに荷物を届ける

❹ レストランまで案内する

❺ 今週末までに、連絡します

話してみよう

04 다음 예 와 같이 말해 보세요.

예　A: 名前は何と言いますか。 → <u>お名前は何とおっしゃいますか。</u>
　　B: キムと言います。 → <u>キムと申します。</u>

❶　A: どこから来ましたか。 →

　　B: 韓国のソウルから来ました。 →

❷　A: 先生の絵を見ましたか。 →

　　B: はい、見ました。 →

❸　A: 田中先生を知っていますか。 →

　　B: いいえ、知りません。 →

❹　A: 今週の土曜日は会社にいますか。 →

　　B: はい、います。 →

❺　A: どのぐらい日本語を勉強しましたか。 →

　　B: 3ヵ月ぐらい勉強しました。 →

絵 그림　　どのぐらい 어느 정도

聞いてみよう

01 다음 대화 내용을 듣고 각각의 번호에 맞게 경어를 일반 동사로 바꾸세요.

伊藤：私、東京商事の伊藤と⓪言いますが、

営業部のソン部長は❶＿＿＿＿＿＿＿＿＿＿＿＿＿＿。

受付：失礼ですが、お約束は❷＿＿＿＿＿＿＿＿＿＿＿＿＿＿。

伊藤：はい、3時に❸＿＿＿＿＿＿＿ことになって❹＿＿＿＿＿＿＿。

受付：では、こちらに❺＿＿＿＿＿＿＿＿＿＿、

少々❻＿＿＿＿＿＿。伊藤様、何か❼＿＿＿＿＿＿＿。

伊藤：では、お茶を❽＿＿＿＿＿＿＿。あの、このパンフレットを

❾＿＿＿＿＿＿＿＿＿＿＿いいですか。

受付：ええ、どうぞ。

それから、こちらは今日新しく出たパンフレットなので、

もしよろしければこちらも❿＿＿＿＿＿＿＿＿＿＿＿＿。

伊藤：わかりました。⓫＿＿＿＿＿＿＿＿＿＿＿。

受付：⓬＿＿＿＿＿＿＿。部長のソンが⓭＿＿＿＿＿＿＿ので、

会議室へ⓮＿＿＿＿＿＿＿＿＿。

伊藤：はい、ありがとうございます。

48 こちらにおかけになって、お待ちください

読んでみよう ④

　田中さん、お元気ですか。日本の研修の間、本当にありがとうございました。
　研修が始まったばかりの時は、私が部長に日本語で報告書を書かされたことがありましたね。初めて書く日本語の報告書が難しくて、退勤時間になってもまだ終わっていなかった私に、田中さんは「私に手伝わせてください」と優しく声をかけてくださいました。あの時は親切に手伝ってくださって、とても嬉しかったです。
　今度ぜひ一度韓国にも遊びにいらっしゃってください。その時は田中さんが好きだとおっしゃった韓国の焼肉と焼酎をご用意しておきます。お待ちしております。
　それからお世話になった田中さんに何かプレゼントをさしあげたいと思って、お手紙と一緒に入れておきました。一つは私が作ったＣＤです。そのＣＤには今韓国で人気の歌が入っています。有名な歌がたくさん入れてあるので、田中さんにも気に入っていただけると思います。もう一つは韓国でよく飲まれているお酒です。甘くてとても飲みやすいお酒なので、どうぞお召し上がりください。
　では、またお会いできる日を楽しみにしております。
　会社の皆様にもどうぞよろしくお伝えください。

9月20日
キム・ミンス

★ 위의 내용과 맞으면 O표, 틀리면 X표를 하세요.

❶ キムさんは田中さんの仕事を手伝いました。（　　）

❷ キムさんは部長に報告書を書くように頼まれました。（　　）

❸ キムさんがあげたお酒は韓国でとても人気があります。（　　）

研修 연수　間 동안　報告書 보고서　初めて 처음으로　退勤時間 퇴근 시간　今度 이번
ぜひ 부디　いらっしゃる 오시다　おっしゃる 말씀하시다　焼肉 구운 고기　焼酎 소주
ご用意 준비　お世話になる 신세를 지다　お手紙 편지　気に入る 마음에 들다　召し上がる 드시다
楽しみにする 기대하다　皆様 모든 분　どうぞよろしくお伝えください 안부 전해주세요

일본에서 사용하는 동작

Q 퀴즈 : 다음 그림의 동작은 무슨 의미일까요? 맞는 번호를 고르세요.

①

②

③

④

(1) 다른 사람 앞을 통과하거나 할 때 (2) [나]라고 확인할 때
(3) 술자리 등이 끝나서 계산 부탁할 때 (4) 음식이 목에 걸렸을 때

 (3) 회식이나 술자리가 끝나서 계산해 달라고 할 때, 한국에서는 [저기요]라든가 [계산이요]라고 소리를 내서 계산을 부탁하지만, 일본에서는 손가락으로 [X표]를 하면 끝났다는 의미로 계산을 부탁하게 된다.

 (4) 한국에서는 상대방이 이해하지 못한 경우에 [답답해]라고 말하면서 가슴을 주먹으로 툭툭 치지만, 일본에서는 정말로 음식이 목에 걸렸거나, 사레 들렸을 때 사용한다.

 (2) 한국에서는 가슴 쪽을 가리키면서 [나]라고 반문하지만, 일본에서는 반드시 "코"쪽을 가리키면서 [나]라고 반문한다.

 (1) 다른 사람 앞을 통과 할 때 한국에서는 [죄송합니다] 또는 [실례합니다]라고 말한 다음에 지나가지만, 일본에서는 계속 손동작을 하면서 [すみません]이라고 말을 하고 지나간다.

37 회화문

김민수: 이번에 회사 전원이 일본어 능력시험을 응시하게 되었습니다.

야마다: 일본어 능력시험은 어렵습니까?

김민수: 예, 제가 응시할 1급은 새로운 단어와 문법이 많아서 매우 레벨이 높습니다. 그래서 걱정하고 있습니다.

야마다: 그렇습니까? 시험은 언제입니까?

김민수: 7월입니다. 앞으로 4개월밖에 없기 때문에, 시험에 맞출 수 있도록 이제부터 매일 20개씩 단어를 외우기로 했습니다.

야마다: 그것은 대단하네요. 김민수 씨는 어떻게 단어를 외웁니까?

김민수: 단어책을 보면서 몇 번이나 쓰고 있습니다. 그리고 외운 단어를 잊어버리지 않도록, 다음 날에도 복습하고 있습니다.

야마다: 그렇습니까? 저도 다음 주 학교에서 한국어 시험이 있습니다만, 단어를 외우는 것이 정말로 어려워서 고민하고 있습니다.

김민수: 그러면, 이제부터 함께 공부하기로 합시다. 둘이서 열심히 하면, 틀림없이 잘 될 겁니다.

38 회화문

김민수: 야마다 씨, 피곤한 것 같네요. 뭔가 있었습니까?

야마다: 실은, 요즘 매일 밤 늦게까지, 노래와 춤 연습을 하고 있어서…….

김민수: 어, 왜요?

야마다: 다음 주, 학교 축제가 있어서, 그때 유학생 모두 함께 춤을 추면서 노래하기로 되어 버려서…….

김민수: 아, 그렇습니까? 어떤 노래를 부릅니까?

야마다: 지금 유행하고 있는 아이돌의 노래입니다. 템포(속도)가 빠르고 노래도 어려운 데다가, 춤도 복잡한 데다가, 정말로 힘듭니다.

김민수: 야마다 씨는 능숙하게 춤을 출 수 있습니까?

야마다: 아니오, 춤은 전혀 못추는 데다가, 노래도 능숙하게 부를 수 없기 때문에 정말로 걱정입니다. 그래서 매일 모두 모여서 연습하고 있습니다.

김민수: 매일 연습해서, 능숙하게 할 수 있게 되었습니까?

야마다: 글쎄요. 전보다는 할 수 있게 되었습니다만, 아직 아직입니다. 다음 주까지 좀 더 잘하게 될 수 있게 되도록 열심히 할 겁니다.

39 회화문

김민수: 야마다 씨, 안색(얼굴색)이 안 좋네요. 무슨 일입니까?

야마다: 실은 어제 회식에서 과음하고 말았습니다.

김민수: 그러면 안되지요.(그것은 안됩니다.)

야마다: 선배가 정말로 술이 세서, 저희들에게 계속 술을 마시게 해서……. 그래서 어제는 조금 무리를 하고 말았습니다.

김민수: 안돼요. 무리를 하면, 건강을 해치기 때문에.

야마다: 예, 주의하겠습니다. 김민수 씨는 술이 셉니까?

김민수: 예, 강한 편이라고 생각합니다. 술을 마셔도, 특별히 아무것도 변하지 않으니까요.

야마다: 얼굴도 빨개지지 않습니까?

김민수: 예, 전혀 빨개지지 않습니다. 술을 마시면, 조금 기분이 좋아질 뿐입니다.

야마다: 부럽네요. 저는 술을 마시면, 금방 얼굴이 빨갛게 되는 데다가, 수다스러워지기 때문에, 부끄럽습니다.

40 회화문

김민수: 야마다 씨, 오랜만이네요. 여름방학은 어땠습니까?

야마다: 실은 학교에서 소개 받아서, 한국사람 집에 홈스테이를 했습니다. 정말로 즐거웠습니다.

김민수: 그렇습니까? 홈스테이 가족들은 어떤 가족이었습니까?

야마다: 아버지, 어머니, 언니, 남동생 4인 가족이었습니다. 모두 친절히 대해 주고, 아주 좋은 가족이었습니다.

김민수: 그것은 좋았겠네요. 좋은 추억을 많이 만들 수 있었습니까?

야마다: 예, 아버지는 차로 여러 곳을 데리고 가 주시고, 어머니와 언니는 맛있는 것을 만들어 주거나 했습니다.

김민수: 정말로 상냥한 가족이군요. 야마다 씨는 무엇인가 해 주었습니까?

야마다: 일본요리를 만들어 주었습니다. 그리고, 저를 잊지 않기를 바래서 사진을 많이 찍었습니다.

김민수: 저도 야마다 씨가 맛있는 일식을 만들어 주면 좋겠습니다.

야마다: 알겠습니다. 그러면, 다음에 제가 맛있는 것을 만들겠습니다.

41 회화문

김민수: 야마다 씨는 한국에 오고 나서 무엇인가 변한 것이 있습니까?

야마다: 예, 여러 가지 있습니다. 한국에 오고 나서는 청소와 요리, 세탁 등의 집안일을 전부 스스로 하게 되었습니다.

김민수: 그렇습니까? 공부하면서 집안일까지 하면, 시간이 부족하지 않습니까?

야마다: 그렇습니다. 시험기간 중에는 세탁을 안해서 입을 옷이 없거나, 먹을 것이 없어서 밥을 먹지 않고 학교에 가거나 한 적이 있습니다.

김민수: 역시, 자취생활은 힘들군요.

야마다: 하지만, 통금이 없어서, 10시까지 돌아가지 않아도 되기 때문에 편해졌습니다.

김민수: 일본에서는 통금이 있었습니까?

야마다: 예, 아버지가 엄해서, 10시까지 돌아가지 않으면 안되었습니다.

43 회화문

야마다: 여보세요. 김민수 씨 지금 전화 괜찮습니까?

김민수: 예, 괜찮습니다. 무슨 일입니까?

야마다: 2, 3일 전부터 몸이 나른하고, 식욕도 없습니다.

김민수: 그것은 큰일이네요. 약을 먹어 보는 것이 어떻습니까?

야마다: 약은 벌써 먹었습니다만, 좀처럼 낫지 않아서……. 게다가 오늘은 구역질도 납니다.

김민수: 그렇다면, 빨리 병원에 가는 편이 좋습니다. 제가 자주 가는 병원이 있으니까, 함께 가 봅시다.

야마다: 하지만, 오늘은 아르바이트가 있어서…….

김민수: 무리하지 않는 편이 좋습니다. 오늘은 아르바이트를 쉬고 병원에 갑시다.

야마다: 알겠습니다. 아르바이트 하는 곳에 전화해 보겠습니다.

김민수: 이제부터 데리러 갈거니까, 집에서 기다리고 있으세요.

42 회화문

김민수: 야마다 씨는 때때로 오사카 사투리를 사용하네요.

야마다: 알겠습니까? 실은 저 초등학교 때까지 오사카에 살았습니다.

김민수: 그랬군요. 그런데 오사카에서 자랐는데도, 그다지 사용하지 않는군요.

야마다: 어렸을 때에 동경으로 이사를 했기 때문에, 평소에는 그다지 사용하지 않습니다만, 지금도 때때로 나와 버립니다.

김민수: 아, 오사카 사투리는 억양이 동경과 달라서 재미있습니다.

야마다: 김민수 씨는 오사카 사투리를 알아들을 수 있습니까?

김민수: 예, 저는 일본 예능 프로그램을 좋아하기 때문에, 조금은 압니다.

야마다: 아, 일본 개그맨 중에는 관서지방 출신이 많으니까요.

김민수: 예, 하지만 오사카 사투리는 빠르고 어렵기 때문에, 언젠가는 자막을 보지 않고 전부 알아들을 수 있도록 되고 싶습니다.

야마다: 그렇습니까? 예능 프로그램을 자주 보고 있으면, 틀림없이 할 수 있게 될 겁니다.

44 회화문

야마다: 김민수 씨, 들었습니까? 박진호 씨, 여자 친구가 생겼다고 합니다.

김민수: 에? 전혀 몰랐습니다. 어디에서 서로 알게 되었습니까?

야마다: 회사 동료가 소개해 준 것 같습니다.

김민수: 상대는 어떤 사람입니까?

야마다: 상냥하고 예쁘고, 정말로 여자다운 사람이라고 합니다.

김민수: 아, 박진호 씨는 원래부터 여지디운 사람을 좋아하기 때문에, 이상형이네요.

야마다: 예, 그래서 박진호 씨는 지금 그녀에게 푹 빠져있는 것 같습니다.

김민수: 그렇습니까? 그렇다면, 지금 박진호 씨는 아주 행복하겠네요. 그녀는 박진호 씨의 운명적인 사람일지도 모르겠네요.

야마다: 그럴지도 모르겠네요. 박진호 씨는 전부터 빨리 결혼하고 싶다고 말했으니까, 결혼도 빠를지도 모르겠네요.

김민수: 에~, 그것은 아직 너무 빠르지요.

해석

45 회화문

김민수: 야마다 씨, 지금 무엇을 읽고 있습니까?
야마다: 선생님에게 추천 받은 한국 소설입니다.
김민수: 아~, 그 책 지금 한국에서 많은 사람들에게 읽혀지고 있는 소설입니다.
야마다: 그렇습니까? 전부 한국어로 쓰여져 있어서, 조금 어렵지만 재미있습니다.
김민수: 그 책은 유명하기 때문에, 일본어로도 번역되어 있을지도 모릅니다.
야마다: 그렇습니까? 한번 찾아 보겠습니다. 그런데, 김민수 씨는 졸려 보이네요. 뭔가 있었습니까?
김민수: 실은 어제 갑자기 친구가 찾아 와서…….
야마다: 친구는 무엇을 하러 왔습니까?
김민수: [막걸리]라고 하는 한국 술을 함께 마시고 싶어서 온 것 같습니다.
야마다: 그래서 친구는 몇 시까지 있었습니까?
김민수: 1시에 돌아갔습니다만, 그 후에도 옆집 사람이 시끄럽게 해서 결국 어제는 별로 잘 수가 없었습니다.
야마다: 그래서 피곤하군요. 어제는 정말로 힘들었겠군요.

46 회화문

야마다: 김민수 씨, 피곤한 것 같네요.
김민수: 예, 어제 과장님이 시켜서 어쩔 수 없이 야근을 하고 새벽 2시에 돌아왔습니다.
야마다: 에? 2시요? 요즘 계속 귀가가 늦네요.
김민수: 예, 오늘부터 부장님이 해외출장을 갑니다만, 그 준비가 아직 되어 있지 않아서 어쩔 수 없이 일을 했습니다.
야마다: 김민수 씨 혼자서 그 준비를 했습니까?
김민수: 아니오. 과장님과 신입사원인 후배와 3명이 함께 했습니다. 저는 과장님이 시켜서 어쩔 수 없이 보고서를 썼는데, 정말로 시간이 많이 걸려버려서 힘들었습니다.
야마다: 후배는 무엇을 했습니까?
김민수: 후배는 입사한 지 얼마 안되었기 때문에, 아직 일이 익숙하지도 않은데, 과장님이 시켜서 어쩔 수 없이 자료를 조사해야 해서 힘들었던 것 같습니다.
야마다: 사회생활은 힘들군요.
김민수: 그렇죠. 상사에게 [빨리 돌아가게 해주세요]라고 말하고 싶어도 말할 수 없으니까요.

47 회화문

스즈끼: 김민수 씨, 앞으로 1시간 후면 드디어 야마다 씨의 졸업파티네요.
김민수: 예, 오늘까지 야마다 씨에게 비밀로 열심히 준비해 왔기 때문에, 야마다 씨가 기뻐해 주면 좋겠네요.
스즈끼: 그렇죠. 그러면 제대로 준비가 되어 있는지 확인해 봅시다. 요리는 어떻게 되어 있습니까?
김민수: 치킨과 피자는 조금 전에 주문해 놓았습니다. 그리고 다른 요리는 지금 사또 씨와 박은영 씨가 만들고 있습니다.
스즈끼: 케이크는 샀습니까?
김민수: 안수영 씨에게 사 오도록 부탁했으니까, 괜찮습니다.
스즈끼: 알겠습니다. 맥주는 차갑게 해져 있습니까?
김민수: 예, 아까 넣어 놓았습니다.
스즈끼: 먹을 것은 전부 되어 있네요. 디지털 카메라 건전지는 들어 있나요?
김민수: 조금 전에 확인해 보았습니다만, 들어 있었습니다.
스즈끼: 그러면, 준비는 되어 있네요. 기대됩니다.

48 회화문

프론트: 어서 오십시오. 숙박이십니까?
야마다: 예, 그렇습니다. 오늘 하루 묵고 싶습니다.
프론트: 그러면, 이쪽 서류에 성함과 주소를 써 주십시오.
야마다: 알겠습니다. 여기에 쓰면 되지요?
프론트: 예, 그쪽입니다. 그러면 담당직원이 방으로 안내해드리겠으니, 이쪽에 앉으셔서 기다려 주십시오.

담당자: 무엇인가 마실 것을 드시겠습니까?
야마다: 예, 그러면, 차를 마시겠습니다.
담당자: 알겠습니다. 식사는 언제 하시겠습니까?
야마다: 지금부터 잠시 외출하고 싶은데, 조금 나중에라도 괜찮습니까?
담당자: 예, 몇 시쯤 이쪽으로 돌아오십니까?
야마다: 7시쯤일거라고 생각합니다.
담당자: 그러면, 식사는 7시 반에 준비해드리겠습니다.

읽어보자 ①

매일 듣는 것만으로 일본어를 말할 수 있게 된다!?

　단어와 문법은 알고 있어도, 좀처럼 말할 수 있게 되지 않는다라고 고민하고 있는 사람들이 많다고 생각합니다. 그런 당신에게 추천 교재가 있습니다.
　그것이 이『스피드 일본어』입니다.
　이 교재를 듣고 있으면, 그것만으로 일본어를 알아들을 수 있게 됩니다. 그리고 발음도 좋아지는 데다가, 점점 회화도 능숙해집니다.
　일본어를 잘하게 되기 위한 포인트는 [매일 듣도록 하는 것]입니다. 바쁘더라도, 하루도 쉬지 않도록 해주세요.
　당신도 이 교재를 사용해서 즐겁게 일본어 공부를 하지 않겠습니까?

학생의 소리(박○○)

　저는 서울에서 일하고 있는 회사원입니다. 내년 4월부터 동경에 전근가게 되었기 때문에, 올해 10월부터 이 교재로 공부하기로 했습니다. 이 교재를 사용하고 3개월이 된 지금은, 일본어를 잘 알아들을 수 있게 된 데다가, 회화도 전보다 능숙해졌습니다.
　앞으로도 동경에 가는 날까지 매일 이것을 들어서, 4월까지 좀 더 유창하게 줄줄 말할 수 있도록 되고 싶습니다.

★ 확인하기 정답 ❶ X　❷ ○　❸ X

읽어보자 ②

　작년 일본 여행에서는 잊을 수 없는 추억이 생겼습니다.
　저는 그 여행 중에 콘서트를 볼 예정이었습니다. 일본은 택시비가 비싸기 때문에 택시를 타지 않고 지하철로 갔습니다. 인터넷에서 [콘서트 홀은 역에서 걸어서 5분]이라고 봤기 때문에, 역을 나와서 걸어갔습니다. 하지만 걸어도 걸어도 전혀 콘서트 홀이 발견되지 않아서 곤란해 하고 있을 때, 여자분이 [어디를 찾고 있습니까?]라고 말을 걸어 주었습니다. 저는 [콘서크 홀에 가고 싶습니다. 7시 콘서트이기 때문에 7시까지 가지 않으면 안 되는데…….]라고 말했습니다. 그녀는 [그러면 제가 안내할게요. 함께 갑시다.]라고 말하면서 저를 콘서트 홀까지 데리고 가 주었습니다.
　일본어도 그다지 잘 못해서 능숙하게 말할 수 없었는데도, 정말로 친절하게 안내해 주어서, 정말 기뻤기 때문에, 저는 몇 번이나 [감사합니다.]라고 말했습니다. 하지만, 그녀는 [신경쓰지 않아도 됩니다.]라고 말하고 웃어 주었습니다.
　그때부터, 저는 열심히 일본어 공부를 하고 있습니다. 일본어를 예전보다 말할 수 있게 된 지금은, 한국에 여행하러 온 외국인들도 좋은 추억을 만들었으면 좋겠다고 생각해서, 일본인을 안내하는 자원봉사를 시작했습니다.
　앞으로 저도 한국에서 곤란해 하고 있는 외국인을 보면, 친절하게 해 주어야겠다고 생각하고 있습니다.

★ 확인하기 정답 ❶ X　❷ ○　❸ X

읽어보자 ③

　당신은 일본 이자까야(일본식 선술집)에 있는 [술 무한 리필]이라고 하는 시스템을 알고 있습니까?
　시간 제한은 있지만, 정해져 있는 음료는 그 시간 이내라면, 몇 잔이라도 마실 수 있는 시스템입니다. 음료의 종류도 여러 가지 재료로 만들어진 술이나 칵테일, 맥주 등이 많이 있기 때문에, 좋아하는 것을 골라서 마실 수 있습니다. 시간 제한이 있기 때문에, 천천히는 마실 수 없지만, 적은 돈으로 많이 마시고 싶을 때는 좋을지도 모릅니다.
　[술 무한 리필]에 오는 사람 중에는 과음하고 마는 사람도 있는 것 같습니다. 실은 저도 [술 무한 리필]에 가서 과음하고 말았던 적이 있습니다. 그때는 여러 가지 칵테일을 마시고 싶었기 때문에, 많이 마셔서 완전히 취해 버렸기 때문에 모두에게 놀림당했습니다.
　하지만 몸(건강)을 위해서는 과음하지 않는 편이 좋겠지요.
　만약에, 일본에 갈 기회가 있다면, 이자까야에 가보는 것이 어떻습니까?
　일본 이자까야는 요리도 정말 맛있는 데다가, 일본다운 분위기도 있기 때문에, 한번 가보는 편이 좋다고 생각합니다.
　틀림없이 당신도 이자까야의 [술 무한 리필]을 좋아하게 될 겁니다.

★ 확인하기 정답 ❶ X　❷ ○　❸ ○

읽어보자 ④

다나까 씨, 잘 지내십니까?
일본 연수 기간 동안 정말로 감사했습니다.
　연수가 시작하고 얼마 되지 않았을 때, 부장님이 시켜서 제가 일본어로 보고서를 쓴 적이 있었지요. 처음으로 쓰는 일본어 보고서가 어려워서, 퇴근시간이 되어도 아직 끝나지 않은 저에게 다나까 씨는 [제가 돕게 해주세요.]라고 상냥하게 말을 걸어 주셨습니다. 그때는 친절하게 도와주셔서 정말 기뻤습니다.
　다음에 부디 한번 한국에도 놀러 와 주십시오.
　그때는 다나까 씨가 좋아한다고 말씀하셨던 한국 야끼니쿠(구워 먹는 고기요리)와 소주를 준비해 놓겠습니다. 기다리고 있겠습니다.
　그리고 신세를 진 다나까 씨에게 무엇인가 선물을 해 드리고 싶다고 생각해서, 편지와 함께 넣어 두었습니다. 하나는 제가 만든 CD입니다. 그 CD에는 지금 한국에서 인기가 있는 노래가 들어 있습니다. 유명한 노래가 많이 넣어져 있기 때문에, 다나까 씨도 마음에 들 것이라고 생각합니다. 다른 하나는 한국에서 많이 마시고 있는 술입니다. 달고 아주 마시기 편한 술이기 때문에 꼭 드십시오.
　그러면 다시 만나 뵐 수 있는 날을 기대하고 있겠습니다.
　회사의 모든 분들에게도 안부 전해 주십시오.

9월 20일
김 민수

★ 확인하기 정답 ❶ X　❷ ○　❸ ○

37 今度、試験を受けることになりました。

말해보자

01

① A : 今年からタバコをやめることにしました。
　 B : どうしてですか。
　 A : 体に悪いからです。

② A : 毎日単語をたくさん覚えることにしました。
　 B : どうしてですか。
　 A : もうすぐ試験だからです。

③ A : これから毎朝ジョギングをすることにしました。
　 B : どうしてですか。
　 A : 最近太ったからです。

④ A : 出かけないことにしました。
　 B : どうしてですか。
　 A : 雨が降っているからです。

⑤ A : アルバイトはしないことにしました。
　 B : どうしてですか。
　 A : 来月は大事な試験があるからです。

02

① A : 東京に引っ越すことになりました。
　 B : どうしてですか。
　 A : 転勤するからです。

② A : 入院することになりました。
　 B : どうしてですか。
　 A : ケガをしたからです。

③ A : 来週からアメリカに行くことになりました。
　 B : どうしてですか。
　 A : 出張だからです。

④ A : 明日の飲み会に田中先生は来ないことになりました。
　 B : どうしてですか。
　 A : このごろ忙しいからです。

⑤ A : 今度の旅行は行かないことになりました。
　 B : どうしてですか。
　 A : 台風が来たからです。

03

① A : 会社に間に合うように、何をしますか。
　 B : 会社に間に合うように、タクシーで行きます。

② A : 早く病気が治るように、何をしますか。
　 B : 早く病気が治るように、毎日薬を飲みます。

③ A : 寝坊しないように、何をしますか。
　 B : 寝坊しないように、早く寝ます。

④ A : 将来困らないように、何をしますか。
　 B : 将来困らないように、お金を貯めます。

⑤ A : 道に迷わないように、何をしますか。
　 B : 道に迷わないように、地図を見ます。

들어보자

01
❶ 수요일 – 헬스클럽　❷ 목요일 – 8시부터 회의
❸ 금요일 – 사토 씨와 만남　❹ 주말 – 가족과 있음

佐藤　：シンさん、土曜日、時間がありますか。
シン　：すみません。週末は家族と一緒にいる
　　　　ことにしています。毎日会社が忙しくて、
　　　　平日は子どもと話す時間があまり
　　　　ないですから、週末は子どもと遊んだり、
　　　　家族と買い物をしたりするようにしています。
佐藤　：そうですか。
　　　　それじゃ、月曜日はどうですか。
シン　：今週は部長に言われて、月曜日から
　　　　出張に行くことになりました。
佐藤　：いつ戻りますか。
シン　：海外出張じゃないから、火曜日の夜
　　　　遅く帰ります。
佐藤　：そうですか。
　　　　水曜日は何か予定がありますか。
シン　：運動する時間があまりないですから、
　　　　太らないように毎週水曜日はジムに通う
　　　　ことにしています。
佐藤　：シンさんは本当に忙しいですね。
　　　　ジムが終わったら、何をしますか。
シン　：木曜日の朝8時から会議をすることに
　　　　なっていますから、遅れないように
　　　　水曜日は運動が終わったら、早く帰って
　　　　寝ようと思っています。
佐藤　：そうですか。
シン　：ところで、どうして私のスケジュールを
　　　　聞いていますか。
佐藤　：実は、相談したいことがあって…。
シン　：そうですか。すみません。
　　　　でも、金曜日は何も予定がありませんから、
　　　　金曜日に会いましょうか。
佐藤　：そうしてもいいですか。
シン　：いいですよ。

38 来週までに上手に できるようになりたいです。

말해보자

01

① A：ギターが弾けますか。
　 B：はい、弾けます。
　　　いいえ、弾けません。

② A：スキーができますか。
　 B：はい、できます。
　　　いいえ、できません。

③ A：英語で電話がかけられますか。
　 B：はい、かけられます。
　　　いいえ、かけられません。

④ A：ケータイで日本語が打てますか。
　 B：はい、打てます。
　　　いいえ、打てません。

⑤ A：カードで払えますか。
　 B：はい、払えます。
　　　いいえ、払えません。

02

① A：朝早く起きられますか。
　 B：はい、前は起きられませんでしたが、
　　　今は起きられるようになりました。

② A：日本語だけで話せますか。
　 B：はい、前は話せませんでしたが、
　　　今は話せるようになりました。

③ A：車の運転ができますか。
　 B：はい、前はできませんでしたが、
　　　今はできるようになりました。

④ A：ドラマの日本語が聞き取れますか。
　 B：はい、前は聞き取れませんでしたが、
　　　今は聞き取れるようになりました。

03

① まで
② までに
③ まで
④ まで
⑤ までに
⑥ までに
⑦ まで
⑧ までに

들어보자

01

① ○　② ○　③ X　④ X　⑤ ○

Q：アンさんは転勤する時までに、
　　何ができるようになりますか。

アン：田中さん、実は私、4月から東京支社に
　　　転勤することになりました。
田中：え、あと3ヵ月しかありませんね。
アン：はい、それで少し心配しています。
　　　その時までに日本語でちゃんと仕事が
　　　できるようになると思いますか。
田中：アンさんは日本語が上手ですから、
　　　日本での仕事にも問題がないと思いますよ。
アン：そうですか。でも、私は日本人の
　　　友だちと話したり、ドラマを見たりする
　　　ことはできますが、仕事に使う日本語は
　　　難しそうで…。
田中：大丈夫ですよ。アンさんは日本語で
　　　書類を作ったり、メールを書いたりする
　　　ことができますか。

アン ：それは今もしているし、わからなかったら
　　　辞書を使って書けばいいですから、
　　　大丈夫だと思います。それより、私は
　　　電話で日本人と話すことが心配です。
田中 ：確かに電話は難しいですね。
　　　アンさんはビジネス会話を勉強したことが
　　　ありますか。
アン ：いいえ、ありません。だから4月まで
　　　一生懸命勉強しようと思っています。
田中 ：ビジネス会話は難しいですから、
　　　4月までに電話で話せるようになる
　　　ことは少し難しそうですね。
　　　他にはどんなことが必要ですか。
アン ：仕事のために新聞を読んだり、
　　　ニュースを聞いたりしたいですが。
田中 ：新聞は漢字や難しい単語が多いですから、
　　　無理があると思います。でも、ニュースは
　　　今から日本に行くまで毎日聞くように
　　　すれば、4月までに聞き取れるように
　　　なると思いますよ。
アン ：そうですか。これから頑張ります。

39 お酒を飲むと、顔が赤くなります。

말해보자

01

❶ A：一日中パソコンを使いました。
　　　どうなりましたか。
　B：一日中パソコンを使って、
　　　目が痛くなりました。

❷ A：みんなと一緒に旅行に行きました。
　　　どうなりましたか。
　B：みんなと一緒に旅行に行って、
　　　仲がよくなりました。

❸ A：エレベーターができました。
　　　どうなりましたか。
　B：エレベーターができて、
　　　便利になりました。

❹ A：毎日勉強しました。どうなりましたか。
　B：毎日勉強して、日本語が前より
　　　上手になりました。

❺ A：恋人にうそをつきました。
　　　どうなりましたか。
　B：恋人にうそをついて、
　　　けんかになりました。

02

❶ A：恋人ができると、どうなりますか。
　B：恋人ができると、幸せになります。

❷ A：毎日運動をすると、どうなりますか。
　B：毎日運動をすると、体が丈夫になります。

❸ A：ストレスがたまると、どうなりますか。
　B：ストレスがたまると、病気になります。

❹ A : お腹がいっぱいになると、
　　　どうなりますか。
　B : お腹がいっぱいになると、
　　　眠くなります。

❺ A : 日本の番組を見ると、
　　　どうなりますか。
　B : 日本の番組を見ると、
　　　日本へ遊びに行きたくなります。

03

❶ A : 駅から近かったら、この家に住みますか。
　B : いいえ、駅から近くても、
　　　この家に住みません。

❷ A : 仕事が大変だったら、仕事をやめますか。
　B : いいえ、仕事が大変でも、
　　　仕事をやめません。

❸ A : 彼がお金持ちだったら、付き合いますか。
　B : いいえ、彼がお金持ちでも、
　　　付き合いません。

❹ A : 風邪を引いたら、学校を休みますか。
　B : いいえ、風邪を引いても、
　　　学校を休みません。

❺ A : 泣いたら、ストレスがなくなりますか。
　B : いいえ、泣いても、ストレスが
　　　なくなりません。

들어보자

01

❶ ⑤　❷ ①　❸ ⑥　❹ ③

田中 : パクさん、顔、赤いですよ。
パク : そうですか。私はお酒を飲むとすぐ顔が
　　　赤くなりますから、恥ずかしいですよ。
　　　田中さんは全然変わりませんね。
田中 : そうですね。私はお酒を飲んでも顔は
　　　赤くなりませんが、頭が痛くなって
　　　しまって、気分が悪くなります。
鈴木 : へえ、田中さんは気分が悪くなりますか。
　　　私はお酒を飲むと、気分がよくなって、
　　　おしゃべりになってしまいますけど…。
中村 : それは鈴木さんはお酒が強いからですよ。
鈴木 : そうですね。中村さんはどうなりますか。
中村 : 私もお酒を飲んでも、顔は赤く
　　　なりません。でも、眠くなって、途中で
　　　寝てしまいます。
パク : 中村さんはお酒が強いですか。
中村 : いいえ、全然強くありません。
　　　それで、居酒屋で寝てしまう時も
　　　あります。
パク : え、心配ですね。気をつけてください。
　　　チェさんはお酒を飲むと、どうなりますか。
チェ : うーん、恥ずかしいですけど、お酒を
　　　たくさん飲むと、歌ったり、踊ったり
　　　します。
鈴木 : おもしろいですね。でも、ときどき
　　　お酒を飲むと、泣いたり笑ったりする人も
　　　いますから、それよりはいいですよ。

40 みんな優しくしてくれました。

말해보자

01-1

❶ A：あなたは友だちに何をしてあげましたか。
B：(私は友だちに) 昼ごはんをおごって あげました。

❷ A：あなたは後輩に何をしてあげましたか。
B：(私は後輩に) 仕事を説明してあげました。

❸ A：あなたは弟さんに何をしてあげましたか。
B：(私は弟に) 宿題を手伝ってあげました。

❹ A：マイケルさんはキムさんに何を してあげましたか。
B：(マイケルさんはキムさんに) 英語を 教えてあげました。

01-2

❶ A：先生はあなたに何をしてくれましたか。
B：(先生は私に) 日本の大学を調べて くれました。

A：あなたは先生に何をしてもらいましたか。
B：(私は先生に) 日本の大学を調べて もらいました。

❷ A：お兄さんはあなたに何をして くれましたか。
B：(兄は私に) 重い荷物を運んで くれました。

A：あなたはお兄さんに何をして もらいましたか。
B：(私は兄に) 重い荷物を運んで もらいました。

❸ A：友だちは息子さんに何をして くれましたか。
B：(友だちは息子に) 本を買って くれました。

A：息子さんは友だちに何をして もらいましたか。
B：(息子は友だちに) 本を買って もらいました。

02

❶ A：友だちに何をしてほしいですか。
B：日本のお土産を買ってきてほしいです。

A：友だちに何をしないでほしいですか。
B：うそをつかないでほしいです。

❷ A：彼氏に何をしてほしいですか。
B：うちまで送ってほしいです。

A：彼氏に何をしないでほしいですか。
B：夢をあきらめないでほしいです。

❸ A：お父さんに何をしてほしいですか。
B：旅行に連れて行ってほしいです。

A：お父さんに何をしないでほしいですか。
B：週末は早く起こさないでほしいです。

들어보자

01

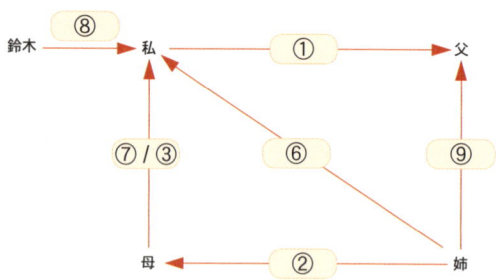

鈴木： 山本さん、昨日は誕生日でしたね。
遅れましたが、これプレゼントです。
どうぞ。
山本： 新しい日本のCDですね。
ありがとうございます。
鈴木： 昨日は何をしましたか。
山本： 母においしい料理を作ってもらって、
家族みんなでおいしいものを食べました。
鈴木： よかったですね。
プレゼントは何をもらいましたか。
山本： 母はずっとほしかった新しい時計を
買ってくれました。
鈴木： あ、その時計ですね。
とてもかわいい時計ですね。
山本： ええ、本当は母がケーキを作ってあげると
言ってくれましたが、仕事で忙しい
母に無理しないでほしくて、ケーキは
姉に買って来てもらいました。
鈴木： とても仲がいい家族ですね。
山本さんも家族のためによく何かして
あげますか。
山本： そうですね。父はパソコンの使い方が
よくわかりませんから、私が教えて
あげています。姉も父に運動靴を買って
あげました。

鈴木： 運動靴ですか。
山本： 最近父は忙しくて運動する時間もあまり
ないですから、少し太ってしまった
ようです。それで、運動してほしいから
姉が父にあげました。
鈴木： 山本さんのお姉さんは優しいですね。
山本： ええ、週末には母に休んでほしいから、
姉が母のためによく買い物に行って
あげます。

41 門限がなくて、10時までに帰らなくてもいいです。

말해보자

01

❶ A：今日は出かけなくてもいいですか。
　B：はい、約束がありませんから、
　　　出かけなくてもいいです。
　　　いいえ、友だちに会う約束をしましたから、
　　　出かけなければなりません。

❷ A：レストランを予約しなくてもいいですか。
　B：はい、平日ですから、
　　　予約しなくてもいいです。
　　　いいえ、いつも人が並んでいますから、
　　　予約しなければなりません。

❸ A：今日中に本を返さなくてもいいですか。
　B：はい、私はもう読みましたから、
　　　返さなくてもいいです。
　　　いいえ、私も読みたいですから、
　　　返さなければなりません。

❹ A：早くうちに帰らなくてもいいですか。
　B：はい、一人暮らしですから、
　　　早くうちに帰らなくてもいいです。
　　　いいえ、父が厳しいですから、
　　　早くうちに帰らなければ
　　　なりません。

❺ A：就職する時、
　　　英語ができなくてもいいですか。
　B：はい、日本語が上手ですから、
　　　英語ができなくてもいいです。
　　　いいえ、会社で必要ですから、
　　　英語ができなければなりません。

02

❶ 時間がなくて、旅行にいけません。
❷ 昨日は仕事が忙しくなくて、暇でした。
❸ 全然勉強しないで、テストを受けました。
❹ 昨日は夜遅くまで仕事が終わらなくて、大変でした。
❺ 旅行は山じゃなくて、海に行きます。
❻ 手を洗わないで、食べてはいけません。
❼ 田中さんは学生じゃなくて、冬休みがありません。
❽ 電気を消さないで、寝ています。

03

❶ A：めがねをかけて、新聞を読みますか。
　B：いいえ、めがねをかけないで、
　　　新聞を読みます。

❷ A：靴を脱いで、部屋に入りますか。
　B：いいえ、靴を脱がないで、
　　　部屋に入ります。

❸ A：帽子をかぶって、授業を受けますか。
　B：いいえ、帽子をかぶらないで、
　　　授業を受けます。

❹ A：昨日朝ごはんを食べて、出勤しましたか。
　B：いいえ、昨日朝ごはんを食べないで、
　　　出勤しました。

❺ A：昨日ケータイを持って、出かけましたか。
　B：いいえ、昨日ケータイを持たないで、
　　　出かけました。

들어보자

01

① X ② X ③ O ④ O ⑤ X

ホン ： 高橋さん、今日は疲れているようですね。
高橋 ： はい、今日は朝会議があって、7時までに会社に行かなければなりませんでしたから…。
ホン ： 朝から会議ですか。
高橋 ： はい、それで今日は朝時間がなくて、朝ごはんも食べないで会社に行きましたよ。
ホン ： それは大変でしたね。
高橋 ： 会議が終わったあとで、朝ごはんを食べに行こうと思いましたが、部長に呼ばれて、部長室に行きました。
ホン ： 部長に何か言われましたか。
高橋 ： 来週日本に送る報告書を書いてほしいと言われて、午前中はずっと報告書を書かなければならなかったです。
ホン ： え、昼まで少しも休まないで仕事をしましたか。
高橋 ： ええ、いつもは朝コーヒーを飲んでから仕事を始めますが、今日はコーヒーも飲まないでずっと仕事をしました。
ホン ： 本当に忙しかったようですね。昼ごはんは食べられましたか。
高橋 ： はい、仕事が終わりそうになくて、本当は昼休みにも休まないでパンでも食べながら、働こうと思っていましたが、部長が外で食べて来るように言ってくれました。
ホン ： そうですか。それで報告書はちゃんと終わりましたか。
高橋 ： はい、3時ごろ終わりました。
ホン ： じゃあ、その後は少しゆっくりできましたか。
高橋 ： いいえ、その後5時からまた会議があって、本社に行かなければなりませんでしたから。
ホン ： 会議の後はまた会社に戻りましたか。
高橋 ： いいえ、部長が戻らなくてもいいと言ってくれて、会社に戻らないですぐここに来ました。本当に今日は疲れましたよ。
ホン ： おつかれさまでした。さあ、どうぞ。ビールでも飲みましょう。
高橋 ： ありがとうございます。いただきます。

42 日本の番組が好きなので、少し聞き取れるんです。

말해보자

01
① もう12月なのに、あまり寒くありません。

② 彼女はきれいなので、人気があります。

③ あの店は安くておいしいので、いつも人が多いです。

④ 彼は日本に留学したことがあるのに、日本語が下手です。

⑤ 去年は学生だったので、お金がありませんでした。

⑥ 旅行に行きたかったのに、休みが取れませんでした。

⑦ 風邪を引いてしまったので、今日は早く寝ます。

⑧ 昔は地味だったのに、おしゃれになりました。

02
① A：風邪が治らないんですか。
B：はい、薬を飲んだのに、治らないんです。

② A：眠いんですか。
B：はい、昨日早く寝たのに、眠いんです。

③ A：その料理はおいしくないんですか。
B：はい、高いのに、おいしくないんです。

④ A：日本語が下手なんですか。
B：はい、日本に住んでいるのに、日本語が下手なんです。

03
① A：どうして朝ごはんを食べないんですか。
B：時間がないので、食べないんです。

② A：どうして引っ越したいんですか。
B：会社が遠いので、引っ越したいんです。

③ A：どうしてダイエットをしているんですか。
B：もうすぐ夏なので、ダイエットをしているんです。

④ A：どうして彼が嫌いなんですか。
B：わがままなので、嫌いなんです。

⑤ A：どうして遅れたんですか。
B：地下鉄が来なかったので、遅れたんです。

들어보자

01

❶ ○　❷ ×　❸ ×　❹ ○

예）この人は日本に留学に行きますか。
ユン　：キムさんは本当に日本語が上手ですね。
田中　：そうですね。とても上手ですね。
ユン　：私もキムさんのように日本語が上手に
　　　　なりたいので、日本に留学しようと
　　　　思っているんです。
田中　：でも、キムさんは留学したことが
　　　　ないそうですよ。
ユン　：留学に行ったことがないのに、
　　　　あんなに上手なんですか。
田中　：ええ、ずっと韓国で勉強したそうですよ。
ユン　：そうですか。
　　　　でも、私は1年ぐらいは行きたいです。

❶ この人は明日出張に行きますか。
松岡　：パクさん、また残業ですか。
パク　：はい、今日も残業なのに、明日も出張に
　　　　行かなければならないんですよ。
松岡　：今日は残業で、明日は出張ですか。
　　　　大変ですね。
パク　：明日の出張は課長が行くことになって
　　　　いたんですが、課長が急に病気に
　　　　なってしまって…。
松岡　：それで、パクさんが行くことに
　　　　なったんですか。
パク　：ええ。最近本当に疲れているので、
　　　　少しは休みたいんですが…。

❷ この人は今度の飲み会に来られますか。
木村　：今週の土曜日、中村先輩とみんなで
　　　　飲み会をするつもりですが、ユンさんも
　　　　来られますね。
ユン　：行きたいんですが、今週は大学の時の
　　　　先生に会う約束があるんです。
　　　　来週なら行けますが…。
木村　：そうですか。でも、中村先輩が来週日本に
　　　　帰るから、今週しかできないんです。
ユン　：残念ですが、それなら、私は
　　　　難しそうですね。

❸ この人は運動が好きですか。
鈴木　：山田さんは運動、好きそうですね。
山田　：どうしてそう思ったんですか。
鈴木　：毎日ジョギングもしているし、水泳も
　　　　しているし、ジムにも通っているので…。
山田　：本当は違うんですよ。
　　　　医者に運動するように言われているので、
　　　　健康のために毎日頑張っているんです。
鈴木　：そうですか。

❹ キムさんは田中さんのために料理を作りますか。
中村　：キムさん、来週田中さんの
　　　　誕生日パーティーをするつもりです。
キム　：そうですか。私は何をすればいいですか。
中村　：韓国料理を作ってもらえますか。
キム　：すみません。私、料理が下手なんですよ。
中村　：そうですか。残念ですね。
キム　：私は下手なんですが、
　　　　母に手伝ってもらって作って来ます。

43 薬を飲んでみたらどうですか。

말해보자

01

❶ A：どうしたんですか。
　B：お腹の調子が悪いんです。
　A：それなら、薬を飲んだ方がいいですよ。
　　それなら、冷たいものを食べすぎない方がいいですよ。

❷ A：どうしたんですか。
　B：ストレスがたまっているんです。
　A：それなら、好きなものを食べたり、遊んだりした方がいいですよ。
　　それなら、今日は仕事をしない方がいいですよ。

❸ A：どうしたんですか。
　B：風邪なんです。
　A：それなら、早く病院に行った方がいいですよ。
　　それなら、今日は出かけない方がいいですよ。

❹ A：どうしたんですか。
　B：日本語の会話が下手なんです。
　A：それなら、日本人の友だちを作った方がいいですよ。
　　それなら、授業中、韓国語を使わない方がいいですよ。

❺ A：どうしたんですか。
　B：5キロも太ってしまったんです。
　A：それなら、エレベーターに乗らないで階段を使った方がいいですよ。
　　それなら、お菓子を食べない方がいいですよ。

02

❶ A：どうしたんですか。
　B：恋人がほしいのに、なかなかできないんです。
　A：それなら、友だちに相談したらどうですか。
　B：わかりました。友だちに相談してみます。

❷ A：どうしたんですか。
　B：日本の会社に就職したいんです。
　A：それなら、今度、あの会社の面接を受けたらどうですか。
　B：わかりました。今度、あの会社の面接を受けてみます。

❸ A：どうしたんですか。
　B：明日の発表が心配なんです。
　A：それなら、もう一度資料をチェックしたらどうですか。
　B：わかりました。もう一度資料をチェックしてみます。

❹ A：どうしたんですか。
　B：日本語の聞き取りが下手なんです。
　A：それなら、毎日CDを聞きながら練習したらどうですか。
　B：わかりました。毎日CDを聞きながら練習してみます。

❺ A：どうしたんですか。
　B：財布を落としてしまったんです。
　A：それなら、警察に行ったらどうですか。
　B：わかりました。警察に行ってみます。

정답 및 스크립트

들어보자

01

① a, b　② c　③ c　④ b, c

예

医者：どうしましたか。
中村：実は昨日からのどが痛くて、
　　　熱もあるんです。
医者：そうですか。うーん、風邪ですね。
　　　今日はゆっくり休んでください。
中村：タバコを吸ってもいいですか。
医者：のどが痛かったら、タバコを
　　　吸ってはいけません。
中村：わかりました。お風呂は大丈夫ですか。
医者：熱がありますから、今日はお風呂に
　　　入らないで、早く寝た方がいいですよ。
中村：わかりました。
医者：お大事に。

❶

カン：山田さん、会話が上手になるために
　　　何をした方がいいですか。
山田：会話ですか。
カン：はい、会話は難しすぎて、なかなか
　　　上手になれません。
山田：そうですね。会話は本当に難しいですね。
　　　私は韓国語を勉強する時、韓国の
　　　ドラマを見たり、歌を聞いたりしました。
カン：ドラマと歌ですか。
山田：ええ、そうしながら、韓国語に慣れると
　　　会話しやすくなったから、カンさんも
　　　してみたらどうですか。
カン：わかりました。してみます。
山田：それから、会話が上手になりたければ、
　　　辞書を見ないで話すようにした方がいい
　　　ですよ。

❷

山下：チェさん、疲れているようですね。
　　　どうしたんですか。
チェ：最近、夜あまり寝られないんです。
山下：チェさんはよくコーヒーを
　　　飲むからじゃないですか。コーヒーは
　　　飲みすぎない方がいいですよ。
チェ：ええ、それで最近はあまり飲まないように
　　　しているんですが。
山下：寝る前に温かい牛乳を飲んでみたら
　　　どうですか。
チェ：それもしてみたんですが、それでも
　　　寝られないので、最近は難しい本を
　　　読むようにしています。
山下：それはよくないですよ。早く寝られる
　　　ように電気を消した方がいいですよ。

❸

田中：昨日、アンさんの赤ちゃんが生まれた
　　　そうなので、今日病院に行こうと
　　　思っているんです。
ユン：今日はちょっと早すぎるので、
　　　行かない方がいいと思いますよ。
田中：わかりました。
　　　もう少し後で、行くことにします。
ユン：プレゼントはどうしますか。
田中：みんなでお金を集めて、赤ちゃんの
　　　ベッドを買おうと思っています。
ユン：でもベッドはもう買ったと思いますから、
　　　それより赤ちゃんの服を買ったらどう
　　　ですか。
田中：そうですね。服ならたくさんあっても
　　　いいですからね。

④

イ ：何かあったんですか。
高橋：彼女が電話に出ないんです。
イ ：え、どうしてですか。
高橋：実は昨日彼女との約束をすっかり忘れて、
　　　1時間も待たせてしまったんです。
　　　それで、彼女が今怒っています。
イ ：それなら電話じゃだめですよ。
　　　会ってあやまった方がいいと思いますよ。
高橋：でも、電話に出てくれないから…。
イ ：じゃあ、プレゼントを買って彼女の
　　　うちに行ってみたらどうですか。
高橋：そうですね。そうしてみます。

44 彼女ができたらしいですよ。

말해보자

01

❶ A：彼は最近日本語が上手に
　　　なったらしいですよ。
　B：そうですか。
　　　どうして上手になったんですか。
　A：彼女が日本人らしいです。

❷ A：田中さんが会社を辞めるらしいですよ。
　B：そうですか。どうして辞めるんですか。
　A：お父さんの会社を手伝うつもりらしいです。

❸ A：パクさんは引っ越したらしいですよ。
　B：そうですか。
　　　どうして引っ越したんですか。
　A：うちが遠くて大変だったらしいです。

❹ A：あの二人は別れたらしいですよ。
　B：そうですか。どうして別れたんですか。
　A：性格が合わなかったらしいです。

02

❶ A：彼女は声もきれいだし、発音も
　　　いいですね。
　B：そうですね。
　　　本当にアナウンサーらしいですね。

❷ A：鈴木さんの子どもはよく笑うし、
　　　元気ですね。
　B：そうですね。本当に子どもらしいですね。

❸ A：京都は古いお寺がたくさんあるし、
　　　着物を着ている人が多いですね。
　B：そうですね。本当に日本らしいですね。

④ A : あの子は背も高いし、化粧もしていますね。
B : そうですね。
あまり中学生らしくありませんね。

⑤ A : 今年はキャロルもあまり聞こえないし、街に人も少ないですね。
B : そうですね。
あまりクリスマスらしくありませんね。

⑥ A : 彼は食べ物の好き嫌いも多いし、話し方も子どもみたいですね。
B : そうですね。
あまり大人らしくありませんね。

03

① A : 今度の試験に受かるでしょうか。
B : たくさん勉強したので、
受かるかもしれません。
難しい試験なので、
受からないかもしれません。

② A : あの人はお金持ちでしょうか。
B : 高そうな服を着ているので、
お金持ちかもしれません。
けちなので、お金持ちじゃない
かもしれません。

③ A : 大学の時、田中さんは真面目だったでしょうか。
B : 成績がよかったので、
真面目だったかもしれません。
今もよくサボるので、
真面目じゃなかったかもしれません。

④ A : 高校の時、彼は人気があったでしょうか。
B : かっこいいので、
人気があったかもしれません。
うそつきなので、
人気がなかったかもしれません。

들어보자

01

❶ a ❷ c ❸ b

鈴木 : ソンさん、中村さんが結婚するらしいですよ。
ソン : え、本当ですか。いつですか。
鈴木 : 2ヵ月後らしいですよ。
ソン : 今6月だから…。
へえ、夏の結婚式ですね。
あと2ヵ月ですから、今は中村さん、忙しいでしょうね。
鈴木 : そうかもしれません。仕事もしながら結婚準備もしていますから。
ソン : 相手はどんな人ですか。
鈴木 : 私も会ったことはないんですが、背が高くてスポーツが好きで、とても男らしい人だそうです。
ソン : へえ、二人は会社で会ったんですか。
鈴木 : 私もそう思ったんですが違うそうです。学生時代に会ったらしいですよ
ソン : ああ、同じ大学だったんですか。
鈴木 : いいえ、大学の時、同じバイトだったと聞きました。
ソン : そうですか。新婚旅行はどこに行くでしょうか。最近はフランスやイタリアなどのヨーロッパが人気らしいですが、中村さんは海が好きですから、海を見に行くかもしれませんね。

鈴木 ： はい、本当はハワイに行きたかった
そうですが、新婚旅行はサイパンに
行くそうです。
ソン ： そうですか。うらやましいですね。

45 これは韓国でたくさんの人に読まれている小説です。

말해보자

01

❶ A : 一晩中、子どもに泣かれたことが
ありますか。
B : はい、一晩中、子どもに泣かれて、
寝られませんでした。

❷ A : 飼っていた犬に死なれたことが
ありますか。
B : はい、飼っていた犬に死なれて、
とても悲しかったです。

❸ A : 電車の中で高校生に騒がれたことが
ありますか。
B : はい、電車の中で高校生に騒がれて、
とても迷惑でした。

❹ A : 試験があるのに、
友だちに来られたことがありますか。
B : はい、試験があるのに、友だちに来られて、
全然勉強できませんでした。

02

❶ A : バターは何から作られますか。
B : 牛乳から作られます。

❷ A : 国際会議はどこで開かれますか。
B : ソウルで開かれます。

❸ A : 卒業式はいつ行われますか。
B : 2月20日に行われます。

❹ A : そのスニーカーはいくらで売られて
いますか。
B : 3980円で売られています。

❺ A：漢字はどんな国で使われていますか。
　B：日本や中国で使われています。

03

❶ A：富士山という山を知っていますか。
　B：いいえ、知りません。どんな山ですか。
　A：とてもきれいで、日本で一番高い山です。

❷ A：渋谷というところを知っていますか。
　B：いいえ、知りません。
　　　どんなところですか。
　A：若者に人気があって、買い物に
　　　いいところです。

❸ A：ゆかたという服を知っていますか。
　B：いいえ、知りません。
　　　どんな服ですか。
　A：日本の伝統的な服で、夏に着る服です。

❹ A：駅弁という弁当を知っていますか。
　B：いいえ、知りません。どんな弁当ですか。
　A：日本中の駅で売られていて、その
　　　地域の名物が入っている弁当です。

들어보자

01

❶ b　❷ b　❸ a　❹ b　❺ a

예
これは日本人に一番愛されているものです。
春になると、たくさんの人が見に行きます。
日本ではこれを見ながら、お酒を飲んだり、
お弁当を食べたりします。

❶
これは世界中のたくさんの人に読まれています。
特に子どもたちに人気があります。
絵もたくさんあって、読みやすいです。

❷
たくさんの人に飼われているペットです。
好きな人もいるし、好きじゃない人もいます。
このペットを飼うと、散歩に連れて行かなければ
なりませんから、少し大変です。

❸
ここは上にのぼるときれいな景色が見られる
場所です。1958年に建てられて、日本人に
愛されています。

❹
これはいろいろな国で飲まれるものです。
種類もたくさんあって、好きな人は一日何杯も
飲むこともあります。でも、飲みすぎると、
眠れなくなるかもしれないので、飲みすぎては
いけません。

❺
これは世界中の人に見られるスポーツの祭りです。
4年に一度開かれます。夏と冬に行われて、
いろいろなスポーツの試合が見られます。

46 昨日課長に残業させられました。

말해보자

01

① A : デートの時、彼女に何をさせられましたか。
B : デートの時、彼女に高いかばんを買わされました。

② A : 高校の時、先生に何をさせられましたか。
B : 高校の時、先生に毎日漢字の試験を受けさせられました。

③ A : 入社したばかりの時、上司に何をさせられましたか。
B : 入社したばかりの時、上司に毎日夜遅くまで働かされました。

④ A : 飲み会の時、友だちに何をさせられましたか。
B : 飲み会の時、友だちに隣の席からお酒をもらってこさせられました。

02

① A : コピーさせてください。
B : どうしてですか。
A : 来週の発表のために、コピーしたいんです。
B : わかりました。コピーしてもいいですよ。

② A : 隣の部屋を使わせてください。
B : どうしてですか。
A : 会議の準備のために、隣の部屋を使いたいんです。
B : わかりました。隣の部屋を使ってもいいですよ。

③ A : ここに車を止めさせてください。
B : どうしてですか。
A : 荷物を運ぶために、ここに車を止めたいんです。
B : わかりました。ここに車を止めてもいいですよ。

④ A : 5時に帰らせてください。
B : どうしてですか。
A : 空港へ両親を迎えにいくために、5時に帰りたいんです。
B : わかりました。5時に帰ってもいいですよ。

03

① A : 仕事はもう終わりましたか。
B : はい、もう終わりました。
いいえ、まだ終わっていません。

② A : 飛行機はもう予約しましたか。
B : はい、もう予約しました。
いいえ、まだ予約していません。

③ A : この課の単語はもう覚えましたか。
B : はい、もう覚えました。
いいえ、まだ覚えていません。

④ A : 先生に借りた本はもう読みましたか。
B : はい、もう読みました。
いいえ、まだ読んでいません。

⑤ A : 旅行先はもう決めましたか。
B : はい、もう決めました。
いいえ、まだ決めていません。

47 パーティーの料理は作ってありますか。

들어보자

01

내가 한 일	부하가 한 일
① ⑥ ④	③ ② ⑤

森田：今日は朝からいろいろな仕事をさせられて、本当に大変な一日でしたよ。
山下：へえ、何をさせられたんですか。
森田：朝会社に着いたら、すぐに部長に呼ばれたんです。それで、会議の資料を作るように言われました。
山下：へえ、朝から大変ですね。
森田：そうですよ。それにコーヒーまで入れるように言われました。でも、会議の準備がまだ終わっていなかったので、それは部下に頼みました。
山下：コーヒーぐらい部長が自分で入れたらいいのに…。ひどいですね。
森田：はい、その後課長に会議に行かされました。会議が終わったら、すぐに社長を空港に迎えに行くように言われましたが、それは部下が行ってくれました。
山下：よかったですね。ちょっと大変すぎますよ。
森田：でも、その後も会議の報告書を書かされました。それから、明日本社で行われる会議の資料もコピーするように言われたんですが、それを部下が「私にさせてください」と言ってくれて、頼むことにしました。
山下：いい部下がいて、本当によかったですね。

말해보자

01
❶ 窓が開いています。
❷ カレンダーが落ちています。
❸ テレビがついています。
❹ 本が倒れています。
❺ 電気が消えています。
❻ 服が汚れています。

02
❶ 窓を閉めました。
それで、窓が閉めてあります。
❷ カレンダーをかけました。
それで、カレンダーがかけてあります。
❸ テレビを消しました。
それで、テレビが消してあります。
❹ 本を並べました。
それで、本が並べてあります。
❺ 電気をつけました。
それで、電気がつけてあります。
❻ 服を洗いました。
それで、服が洗ってあります。

03

❶ A：山登りに行く前に、何をしておきますか。
　B：地図を見ておきます。

❷ A：パーティーをする前に、
　　　何をしておきますか。
　B：ワインを冷やしておきます。

❸ A：就職面接を受ける前に、
　　　何をしておきますか。
　B：その会社について調べておきます。

❹ A：会議の前に、何をしておきますか。
　B：資料を集めておきます。

❺ A：試験の前に、何をしておきますか。
　B：習ったことを復習しておきます。

들어보자

01

ⓑ

大野：松本さん、もうすぐパーティーの
　　　時間ですね。
松本：そうですね。
　　　お皿とコップは出してありますか。
大野：ええ、テーブルに並べておきましたよ。
松本：花は買ってきましたか。
大野：山田さんが買ってきてくれたので、
　　　私がテーブルの上に飾っておきました。
松本：ありがとうございました。
　　　窓はどうなっていますか。
大野：さっきは窓が開いていたので、閉めました。
　　　それから、エアコンがついていなくて
　　　少し暑かったので、つけておきました。
松本：じゃあ、準備はだいたいできましたね。
　　　ワインと果物は冷やしてありますか。
大野：ワインは冷やしてありますが、果物は
　　　忘れていました。
松本：果物は食事の後に食べる予定ですから、
　　　これからでも冷蔵庫に入れておいて
　　　ください。
大野：わかりました。これからします。

정답 및 스크립트

48 こちらにおかけになって、お待ちください。

말해보자

01

① A：山田さんは何時にお出かけになりましたか。
　 B：4時にお出かけになりました。

② A：部長はいつ出張からお戻りになりましたか。
　 B：おとといお戻りになりました。

③ A：お客様はどちらにお泊りになりましたか。
　 B：旅館にお泊りになりました。

④ A：田中教授はどんな論文をお書きになりましたか。
　 B：日本文化の論文をお書きになりました。

⑤ A：鈴木先生は何時にご出発になりましたか。
　 B：7時半にご出発になりました。

⑥ A：新製品は誰がご説明になりましたか。
　 B：中村部長がご説明になりました。

02

① A：説明書をよくお読みください。
　 B：はい、わかりました。
　　　説明書をよく読みます。

② A：もう一度電話番号をお確かめください。
　 B：はい、わかりました。
　　　もう一度電話番号を確かめます。

③ A：明日までにお電話ください。
　 B：はい、わかりました。
　　　明日までに電話します。

④ A：日本に着いたらご連絡ください。
　 B：はい、わかりました。
　　　日本に着いたら連絡します。

03

① A：タクシーを呼んでくれませんか。
　 B：はい、私がタクシーをお呼びします。

② A：駅まで車で送ってくれませんか。
　 B：はい、私が駅まで車でお送りします。

③ A：明日までに荷物を届けてくれませんか。
　 B：はい、明日までに荷物をお届けします。

④ A：レストランまで案内してくれませんか。
　 B：はい、私がレストランまでご案内します。

⑤ A：今週末までに、連絡してくれませんか。
　 B：はい、今週末までに、ご連絡します。

04

① A：どちらからいらっしゃいましたか。
　 B：韓国のソウルから参りました。

② A：先生の絵はご覧になりましたか。
　 B：はい、拝見しました。

③ A：田中先生をご存じですか。
　 B：いいえ、存じません。

④ A：今週の土曜日は会社にいらっしゃいますか。
　 B：はい、おります。

⑤ A：どのぐらい日本語を勉強なさいましたか。
　 B：3ヵ月ぐらい勉強いたしました。

들어보자

01

❶ いますか	❷ していますか
❸ 会う	❹ います
❺ 座って	❻ 待ってください
❼ 飲みますか	❽ 飲みます
❾ もらっても	❿ 見てください
⓫ 見ます	⓬ 待たせました
⓭ 来ました	⓮ 案内します

伊藤　：私、東京商事の伊藤と㉠申しますが、
　　　　営業部のソン部長は
　　　　❶いらっしゃいますか。
受付　：失礼ですが、お約束は
　　　　❷なさっていますか。
伊藤　：はい、3時に❸お目にかかることに
　　　　なって❹おります。
受付　：では、こちらに❺おかけになって、
　　　　少々❻お待ちください。伊藤様、何か
　　　　❼召し上がりますか。
伊藤　：では、お茶を❽いただきます。
　　　　あの、このパンフレットを
　　　　❾いただいてもいいですか。
受付　：ええ、どうぞ。
　　　　それから、こちらは今日新しく出た
　　　　パンフレットなので、もしよろしければ
　　　　こちらも❿ご覧ください。
伊藤　：わかりました。⓫拝見します。
受付　：⓬お待たせしました。部長のソンが
　　　　⓭参りましたので、会議室へ
　　　　⓮ご案内いたします。
伊藤　：はい、ありがとうございます。

일본어가 쑥쑥 자라는

NEW
스쿠스쿠
すくすく
日本語
4

하영애·우노 히토미 공저

PAGODA Books

37 今度、試験を受けることになりました。

글자연습

01 다음 한자를 히라가나로 써 보세요.

① 全員　　② 能力　　③ 文法

④ 今年　　⑤ 地図　　⑥ 寝坊する

02 다음 히라가나를 한자로 써 보세요.

① なや　　む
② まあ　　に　　う
③ つと　　める
④ こま　　る
⑤ た　　める
⑥ まよ　　う
⑦ なお　　る
⑧ まど
⑨ ふくしゅう　　する

03 다음 히라가나를 카타카나로 써 보세요.

① じょぎんぐ　　② れべる　　③ けが

📄 문장연습

01 다음 문장을 한국어로 해석해 보세요.

① 将来困らないように、お金を貯めます。

② 最近太りましたから、やせるためにジムに通うことにしました。

③ 大事な会議がありますから、明日は朝6時に出勤することになりました。

02 다음 문장을 일본어로 만들어 보세요.

① 감기 걸리지 않도록, 조심하고 있습니다.

② 매일 밤 일기를 쓰기로 했습니다.

③ 전근 가기 때문에, 동경에 이사하게 되었습니다.

🎧 듣기연습 Track 01

01 다음 단어를 듣고 받아 써 보세요.

① ② ③
④ ⑤ ⑥

02 다음을 문장을 듣고 받아 써 보세요.

①
②
③

38 来週までに上手にできるようになりたいです。

글자연습

01 다음 한자를 히라가나로 써 보세요.

① 選ぶ　　② 複雑だ　　③ 流行る

④ 弾く　　⑤ 送る　　⑥ 集まる

02 다음 히라가나를 한자로 써 보세요.

① はら　　　　② こた　　　　③ かえ
　　う　　　　　　える　　　　　　す

④ う　　　　　⑤ はじ　　　　⑥ つか
　　つ　　　　　　まる　　　　　　れる

03 다음 히라가나를 카타카나로 써 보세요.

① こぴー　　② てんぽ　　③ くりすます

④ あいどる　　⑤ ぎたー　　⑥ かーど

문장연습

01 다음 문장을 한국어로 해석해 보세요.

① 野菜を食べるようになりました。＿＿＿＿＿＿＿＿＿＿

② ケータイで日本語が打てますか。＿＿＿＿＿＿＿＿＿＿

③ 来週の学園祭までに、今流行っているアイドルの歌が歌えるようになりたいです。
＿＿＿＿＿＿＿＿＿＿＿＿＿＿＿＿＿＿＿＿＿＿＿＿＿＿＿

02 다음 문장을 일본어로 만들어 보세요.

① 올 크리스마스까지 애인을 갖고 싶습니다.＿＿＿＿＿＿＿＿＿＿

② 전에는 일본어를 알아들을 수 없었습니다만, 지금은 알아 들을 수 있게 되었습니다.
＿＿＿＿＿＿＿＿＿＿＿＿＿＿＿＿＿＿＿＿＿＿＿＿＿＿＿

③ 속도도 빠른데다가, 춤도 복잡하기때문에, 능숙하게 출 수 없습니다.
＿＿＿＿＿＿＿＿＿＿＿＿＿＿＿＿＿＿＿＿＿＿＿＿＿＿＿

듣기연습 Track 02

01 다음 단어를 듣고 받아 써 보세요.

① ＿＿＿＿＿＿ ② ＿＿＿＿＿＿ ③ ＿＿＿＿＿＿

④ ＿＿＿＿＿＿ ⑤ ＿＿＿＿＿＿ ⑥ ＿＿＿＿＿＿

02 다음을 문장을 듣고 받아 써 보세요.

① ＿＿＿＿＿＿＿＿＿＿＿＿＿＿＿＿＿＿＿＿＿＿＿＿＿＿＿

② ＿＿＿＿＿＿＿＿＿＿＿＿＿＿＿＿＿＿＿＿＿＿＿＿＿＿＿

③ ＿＿＿＿＿＿＿＿＿＿＿＿＿＿＿＿＿＿＿＿＿＿＿＿＿＿＿

39 お酒を飲むと、顔が赤くなります。

글자연습

01 다음 한자를 히라가나로 써 보세요.

① 一 日 中   ② 体   ③ お 腹

④ 楽 だ   ⑤ 着 く   ⑥ 番 組

02 다음 히라가나를 한자로 써 보세요.

① つ　あ　　　② す　　　　③ こわ
　　き　　う　　　　む　　　　　　す

④ か　　　　⑤ は　　　　⑥ な
　　わる　　　　　ずかしい　　　　れる

⑦ さ　　　　⑧ お　　　　⑨ しあわ
　　く　　　　　す　　　　　　せだ

03 다음 히라가나를 카타카나로 써 보세요.

① えれべーたー　　② ぼたん　　③ すとれす

문장연습

01 다음 문장을 한국어로 해석해 보세요.

① お酒を飲んでも特に何も変わりません。 _____

② つまらない本を読むと、眠くなります。 _____

③ 仕事に慣れて、楽になりました。 _____

02 다음 문장을 일본어로 만들어 보세요.

① 저는 술을 마시면, 금방 얼굴이 빨개지는 데다가, 수다스러워져 버립니다.
_____

② 애인에게 거짓말을 해서, 싸움이 났습니다. _____

③ 나이가 들어도(나이를 먹어도), 일하고 싶습니다. _____

듣기연습 Track 03

01 다음 단어를 듣고 받아 써 보세요.

①　　　　　　　　②　　　　　　　　③

④　　　　　　　　⑤　　　　　　　　⑥

02 다음을 문장을 듣고 받아 써 보세요.

① _____

② _____

③ _____

40 みんな優しくしてくれました。

글자연습

01 다음 한자를 히라가나로 써 보세요.

① 久　しぶりです　　② 辞 める　　③ 遅　刻 する

④ 荷　物　　⑤ 後　輩　　⑥ 和　食

02 다음 히라가나를 한자로 써 보세요.

① おも　で　　② しょうかい　する　　③ あんない　する

④ て　つだ　う　　⑤ せつ めい　する　　⑥ しら　べる

⑦ はこ　ぶ　　⑧ か　す　　⑨ ゆめ

03 다음 히라가나를 카타카나로 써 보세요.

① ほーむすてい　　② ほすとふぁみりー　　③ そうる

문장연습

01 다음 문장을 한국어로 해석해 보세요.

① 彼氏にうちまで送ってほしいです。

② 父に旅行に連れて行ってもらいました。

③ 私は後輩に日本の大学を調べてあげました。

02 다음 문장을 일본어로 만들어 보세요.

① 아들이 꿈을 포기하지 않았으면 좋겠습니다.

② 나는 애인에게 점심밥을 사 주었습니다.

③ 오빠는 무거운 짐을 운반해 주었습니다.

듣기연습 Track 04

01 다음 단어를 듣고 받아 써 보세요.

①　　　　　　　　② 　　　　　　　　③

④　　　　　　　　⑤ 　　　　　　　　⑥

02 다음을 문장을 듣고 받아 써 보세요.

①

②

③

門限がなくて、10時までに帰らなくてもいいです。

글자연습

01 다음 한자를 히라가나로 써 보세요.

① 全 然   ② 洗 濯   ③ 門 限
④ 一 人 暮 らし   ⑤ お 腹 が 空 く   ⑥ 平 日
⑦ 就 職 する   ⑧ 家 事   ⑨ 少 ない

02 다음 히라가나를 한자로 써 보세요.

① た   りる
② きび   しい
③ ぬ   ぐ
④ なら   ぶ
⑤ まも   る
⑥ か   りる
⑦ け   す
⑧ ひつよう   だ
⑨ しんぱい   する

문장연습

01 다음 문장을 한국어로 해석해 보세요.

① 門限がなくて10時までに帰らなくてもいいですから、楽になりました。

② 全然勉強をしないで、テストを受けました。

③ 就職する時は会社で必要ですから、英語ができなければなりません。

02 다음 문장을 일본어로 만들어 보세요.

① 단 것을 지나치게 먹지 않도록, 조심하지 않으면 안 됩니다.

② 손을 씻지 않고 먹어서는 안 됩니다.

③ 사람이 적으면, 줄서지 않아도 됩니다.

듣기연습 Track 05

01 다음 단어를 듣고 받아 써 보세요.

① ② ③
④ ⑤ ⑥

02 다음을 문장을 듣고 받아 써 보세요.

①
②
③

42 日本の番組が好きなので、少し聞き取れるんです。

글자연습

01 다음 한자를 히라가나로 써 보세요.

① 登る　　② 禁煙　　③ 返事

④ 去年　　⑤ 字幕　　⑥ 人気

02 다음 히라가나를 한자로 써 보세요.

① そだ　　　つ　　② ちが　　う　　③ き　と　　き　　る

④ にがて　　　だ　　⑤ みち　こ　　が　む　　⑥ やす　と　　みを　る

⑦ じみ　　　だ　　⑧ てがみ　だ　　を　す　　⑨ ふだん

03 다음 히라가나를 카타카나로 써 보세요.

① いんたーねっと　　② ばらえてぃー　　③ だいえっと

문장 연습

01 다음 문장을 한국어로 해석해 보세요.

① 小さい時に東京に引っ越したので、普段は大阪弁をあまり使わないんです。

② 手紙を出したのに、返事が来ません。

③ いつかは字幕を見ないで、全部聞き取れるようになりたいんです。

02 다음 문장을 일본어로 만들어 보세요.

① 옛날에는 수수했었는데, 세련되어졌습니다.

② 여기는 금연이기 때문에, 담배는 밖에서 피우세요.

③ 약을 먹었는데도, 감기가 낫지 않습니다.

듣기 연습 Track 06

01 다음 단어를 듣고 받아 써 보세요.

①　　　　　　　　② 　　　　　　　　③

④　　　　　　　　⑤　　　　　　　　⑥

02 다음을 문장을 듣고 받아 써 보세요.

①

②

③

43 薬を飲んでみたらどうですか。

글자연습

01 다음 한자를 히라가나로 써 보세요.

① 危 ない   ② 毎 月   ③ 履 く

④ 吐 き 気   ⑤ 具 合 が 悪 い   ⑥ 階 段

02 다음 히라가나를 한자로 써 보세요.

① むか   える
② の   り おく   れる
③ たの   む
④ れん しゅう
⑤ さが   す
⑥ つめ   たい
⑦ そう だん   する
⑧ お   とす
⑨ と   まる

03 다음 히라가나를 카타카나로 써 보세요.

① ばいと   ② すかーと   ③ たくしー

문장 연습

01 다음 문장을 한국어로 해석해 보세요.

① 電車に乗り遅れそうですから、少し急いだ方がいいです。

② 日本の会社に就職したいので、今度あの会社の面接を受けてみます。

③ 明日の発表が心配なら、もう一度資料をチェックしたらどうですか。

02 다음 문장을 일본어로 만들어 보세요.

① 몸이 나른 할때는, 무리를 하지 말고 푹 쉬는 편이 좋습니다.

② 장래를 위해서, 매월 조금씩 돈을 모으는 것이 어떻습니까?

③ 속이 안 좋다면(배의 상태가 나쁘다면), 찬 것을 지나치게 먹지 않는 편이 좋습니다.

듣기 연습 Track 07

01 다음 단어를 듣고 받아 써 보세요.

① ② ③
④ ⑤ ⑥

02 다음을 문장을 듣고 받아 써 보세요.

①
②
③

44 彼女ができたらしいですよ。

글자연습

01 다음 한자를 히라가나로 써 보세요.

① 夢中だ　　② 梅雨　　③ 相手

④ 発音　　⑤ 成績　　⑥ 性格

02 다음 히라가나를 한자로 써 보세요.

① し□り あう　② あた□かい　③ に□る

④ みち□が す く　⑤ わす□れ もの　⑥ わか□れる

⑦ き□こえる　⑧ は□れる　⑨ う□かる

03 다음 히라가나를 카타카나로 써 보세요.

① もでる　　② あなうんさー　　③ きゃろる

📄 문장연습

01 다음 문장을 한국어로 해석해 보세요.

① あの人は高そうな服を着ているので、お金持ちかもしれません。

② 空が明るくなったので、午後には雨がやむでしょう。

③ 難しい試験だったのに、彼女はたくさん勉強をして受かったらしいです。

02 다음 문장을 일본어로 만들어 보세요.

① 다나카 씨는 지금도 자주 땡땡이치기 때문에, 대학때는 성실하지 않았을지도 모릅니다.

② 저 두 사람은 성격이 맞지 않아서 헤어진 것 같습니다.

③ 그는 말투가 어린아이 같아서, 어른답지 않습니다.

🎧 듣기연습 Track 08

01 다음 단어를 듣고 받아 써 보세요.

① ② ③
④ ⑤ ⑥

02 다음을 문장을 듣고 받아 써 보세요.

①
②
③

45 これは韓国でたくさんの人に読まれている小説です。

글자연습

01 다음 한자를 히라가나로 써 보세요.

① 飼う ② 行う ③ 一晩中

④ 翻訳する ⑤ 伝統的だ ⑥ 地域

02 다음 히라가나를 한자로 써 보세요.

① さわ　ぐ
② た　てる
③ あい　する
④ かな　しい
⑤ めい わく　だ
⑥ う　る
⑦ ひら　く
⑧ そつ ぎょうしき
⑨ となり

03 다음 히라가나를 카타카나로 써 보세요.

① びる　　② すにーかー　　③ ばたー

문장연습

01 다음 문장을 한국어로 해석해 보세요.

① 渋谷というところは若者に人気があって、買い物にいいところです。

② 荷物は船で送られます。

③ 一晩中隣の家の人に騒がれて、とても迷惑でした。

02 다음 문장을 일본어로 만들어 보세요.

① 비를 맞아서, 감기 걸리고 말았습니다.

② 그 스니커즈는 얼마에 팔리고 있습니까?

③ 유카타라고 하는 옷은 일본의 전통적인 여름 옷입니다.

듣기연습 Track 09

01 다음 단어를 듣고 받아 써 보세요.

① ② ③
④ ⑤ ⑥

02 다음을 문장을 듣고 받아 써 보세요.

①
②
③

46 昨日課長に残業させられました。

 글자연습

01 다음 한자를 히라가나로 써 보세요.

① 夜　中　　　② 報　告　書　　　③ 急　用

④ 自　信　　　⑤ 親　友　　　　⑥ 両　親

02 다음 히라가나를 한자로 써 보세요.

① にゅう しゃ　　　② かんが　　　③ はじ
　　　　する　　　　　　える　　　　　　まる

④ よ やく　　　　⑤ き　　　　　⑥ じゅん び
　　　　する　　　　　　める

⑦ くう こう　　　⑧ せき　　　　⑨ りょ こう さき

03 다음 카타카나를 히라가나로 써 보세요.

① ばいおりん　　　② ぷろぽーず　　　③ さーくる

문장 연습

01 다음 문장을 한국어로 해석해 보세요.

① 親友の結婚式に出るために、明日休ませてください。

② まだ仕事に慣れていないのに、部長に資料を調べさせられて大変でした。

③ 漢字が苦手なのに、先生に難しい漢字の試験を受けさせられました。

02 다음 문장을 일본어로 만들어 보세요.

① 입사한 지 얼마 안됐을 때, 과장님에 의해서 무리하게 술을 어쩔 수 없이 마셨습니다.

② 공항에 부모님을 마중하러 가기 위해서, 5시에 돌아가게 해주세요.

③ 선생님에게 빌린 책은 아직 돌려주지 않았습니다.

듣기 연습 Track 10

01 다음 단어를 듣고 받아 써 보세요.

① ② ③
④ ⑤ ⑥

02 다음을 문장을 듣고 받아 써 보세요.

①
②
③

47 パーティーの料理は作ってありますか。

글자연습

01 다음 한자를 히라가나로 써 보세요.

① 冷やす   ② 入れる   ③ 出す

④ 消える   ⑤ 喜ぶ   ⑥ 確認する

⑦ 壁   ⑧ 他   ⑨ 秘密

02 다음 히라가나를 한자로 써 보세요.

① かたづける   ② かざる   ③ おちる

④ あつめる   ⑤ たおれる   ⑥ よごれる

⑦ わる   ⑧ こわれる   ⑨ ならべる

⑩ しめる   ⑪ のこる   ⑫ はる

문장연습

01 다음 문장을 한국어로 해석해 보세요.

① まだ仕事が残っているので、机の上に資料が置いてあります。

② 電気が消えていますから、誰もいないと思います。

③ 山登りに行く前に、地図を見ておいた方がいいです。

02 다음 문장을 일본어로 만들어 보세요.

① 디지털 카메라의 건전지는 조금 전에 확인해 보았습니다만, 들어 있었습니다.

② 다음 회의까지, 이 문제에 대해서 생각해 놓으세요.

③ 약속을 잊지 않도록, 벽에 메모가 붙어 있습니다.

듣기연습 Track 11

01 다음 단어를 듣고 받아 써 보세요.

① _____   ② _____   ③ _____
④ _____   ⑤ _____   ⑥ _____

02 다음을 문장을 듣고 받아 써 보세요.

① _____
② _____
③ _____

こちらにおかけになって、お待ちください。

 글자연습

01 다음 한자를 히라가나로 써 보세요.

① 一泊 ② 宿泊 ③ 係員

④ 用意 ⑤ 新製品 ⑥ 注意

⑦ 説明書 ⑧ 文化 ⑨ 出席する

02 다음 히라가나를 한자로 써 보세요.

① もど□る ② じゅうしょ □□ ③ つた□える

④ けっか □□ ⑤ れんらく □□する ⑥ しゅっぱつ □□する

⑦ たし□かめる ⑧ とど□ける ⑨ めんせつ □□

문장연습

01 다음 문장을 한국어로 해석해 보세요.

① ご案内いたしますので、こちらにおかけになってお待ちください。

② 田中教授は日本文化の論文をお書きになりました。

③ 先生の絵をもうご覧になりましたか。

02 다음 문장을 일본어로 만들어 보세요.

① 한국 서울에서 왔습니다. (특별 경어를 사용해서)

② 부모님께 안부 전해주세요.

③ 이번 주말까지 이쪽에서 연락드리겠습니다.

듣기연습 Track 12

01 다음 단어를 듣고 받아 써 보세요.

① ② ③
④ ⑤ ⑥

02 다음을 문장을 듣고 받아 써 보세요.

①
②
③

워크북

**글자 연습, 문장 연습, 듣기 연습을 통해
매일매일 일본어를 정복하자!!**

이름